Daniel Dossmann   Yoga – Weg zur Freiheit?

Daniel Dossmann

Yoga – Weg zur Freiheit?

Bericht einer Suche

Übersetzt von
Manfred Nerl und Hanni Tarsis-Dormann

Bibelzitate vorwiegend
nach der Schlachter-Übersetzung

In Koproduktion bei

VERLAG DAS HAUS DER BIBEL
Genf-Zürich-Basel

VERLAG FÜR ALLE
Friedrichshafen

© Das Haus der Bibel, Genf
Französische Ausgabe 1978
Deutsche Ausgabe 1989; nach der zweiten französischen Ausgabe übersetzt
Zweite Ausgabe 1994

ISBN 2-8260-5009-5
Das Haus der Bibel, Préverenges
Genfer Bibelgesellschaft

ISBN 3-927744-00-X
Verlag für Alle, B. Bolanz
Friedrichshafen

In Frankreich gedruckt

Inhaltsübersicht

	Biographie eines jungen Parisers	7
1	Ursprung des Bösen	31
2	Ursprung und Prinzip des Yoga	34
3	Was ist der Mensch?	42
4	Wie kommt man mit Gott in Verbindung?	47
5	Das Opfer Gottes	55
6	Wer ist Jesus?	61
7	Der Okkultismus und seine Folgen	70
8	Wie kommt man zu Jesus?	83
9	Das Problem der menschlichen Natur	88
10	Der Weg der völligen Befreiung	93
11	Das göttliche Leben	98
12	Worum es letztlich geht	101

Biographie eines jungen Parisers

Mit vierzehn Jahren verließ ich die Schule, mein Volksschulzeugnis in der Tasche, und begann in verschiedenen Betrieben zu arbeiten. Der unmittelbare Kontakt mit der rauhen Welt löste bei mir einen Schock aus. Soweit ich mich erinnere, hatte mich bis dahin keines der großen Menschheitsprobleme jemals beschäftigt. Als Kind war ich eher schweigsam, in mich gekehrt und menschenscheu gewesen – und eigentlich war ich so geblieben. Bei den Pfadfindern taufte man mich »Grauer Wolf«, denn in Kiplings Dschungelbuch, das bei den Pfadfindern beliebt war, ist die Rede von einem grauen Wolf, der stets traurig und einsam ist. Darin erkannte man mich wieder!

Nach dem Schulabgang schloß ich mich einer Gruppe von Halbstarken an und wurde, da ich ganz in der Nähe der Bastille in Paris wohnte, Zeuge der berüchtigten Auseinandersetzungen jener Zeit, doch beteiligte ich mich nicht richtig daran. Mir war das zu gewalttätig; ich mochte Schlägereien nicht. Nach einigen Monaten veranlaßte mich das Geld, das ich bei der Arbeit zu verdienen anfing, die Richtung zu wechseln. Ich kaufte mir »vornehme« Kleidung – zumindest schien es mir so – und alle möglichen Dinge, die »man« haben mußte. Der bisherige Kreis zog mich nicht mehr an; ich suchte jetzt die großen Boulevards und die Champs-Elysées auf, die schicken Viertel von Paris. Mit wichtiger Miene trank ich Gin-Fizz und Manhattans in Cafés und Nachtlokalen. Ich war an die sechzehn! Eigentlich befriedigte mich dies alles nicht, und ich fragte mich, was ich mit meinem Leben anfangen sollte.

Dann entdeckte ich das Quartier Latin, und dort, das muß ich sagen, fühlte ich mich sogleich heimisch. Ich vertauschte meine »prächtigen« Kleider gegen ein Paar verwaschene und geflickte Bluejeans, die ich auf dem Flohmarkt erstand; die meiste Zeit ging ich barfuß und trug einen ellenlangen roten Schal, den ich fast auf dem Boden nachschleifte. Eine ganz neue Welt tat sich mir auf: Kunst, Lyrik, Malerei und vor allem New-Orleans-Jazz, zu dem man nächtelang tanzte. Ich begann, alte 78-U-Jazzplatten zu sammeln, die ab 1919 in New Orleans aufgenommen worden waren.

Es war wie ein Traum, ich hatte das Gefühl, ich lebe . . . In jenen Jahren bettelten im Quartier Latin viele für ihren Lebensunterhalt. Manche malten Kreidezeichnungen auf die Gehsteige, andere deklamierten Gedichte, noch andere sangen zu Gitarrenbegleitung. Außerdem gab es etliche, die nichts taten und die Passanten einfach um Geld angingen. Wie diese begann auch ich zu betteln, denn ich hatte, ehrlich gesagt, nichts zu bieten.

Allerdings schämte ich mich nach und nach wegen meiner Bettelei. Eines Tages beschloß ich aufzuhören, oder vielmehr, es anders zu machen. Ich wollte Gitarre spielen lernen; so könnte ich auf der Straße singen. Dann gäbe ich den Leuten Musik, und sie würden mir dafür Geld zahlen. Wir wären quitt, und mein Gewissen wäre ruhig . . .

Das erste Mal, als ich auf der Straße singen wollte, regnete es. Wir waren zu zweit und sahen uns gezwungen, in den Korridor der U-Bahn-Station Saint-Michel zu fliehen. Aus ganzer Seele sang ich einen Negro-Spiritual: »Oh! When the saints go marching in . . .« Den großartigen Sinn dieser Worte verstand ich damals noch nicht, denn ich konnte kein Englisch, ich hatte nur die Aussprache erlernt. Die Leute eilten an uns vorüber mit trauriger oder düsterer Miene. Mehrere warfen uns Münzen zu, die auf den Boden fielen. Kaum jemand blickte uns an oder hörte wirklich zu. Die meisten schienen von ihren Sorgen völlig in Anspruch genommen. Wir waren allein, sie auch. Trotz allem hatte ich den Eindruck, ich sei immerhin frei, und ich hätte mich ihnen sogar überlegen gefühlt, wenn ich an jenem Tag nicht eine Lektion hätte einstecken müssen: Nach einiger Zeit tauchte der Stationsvorsteher auf und befahl uns, augenblicklich zu verschwinden. In aller Eile sammelten wir »unser« Geld im Staub des Durchgangs auf, tiefbeschämt ... Dennoch sang ich weiterhin auf Straßen und an den Quais der Seine, eigentlich mehr aus Freude am Singen als zum Geldverdienen. War ich glücklich? Nein – und ich wußte nicht, warum. Oft zog ich mich irgendwohin zurück, wie zu meiner Pfadfinderzeit, und weinte. Ich wußte nicht, warum ich weinte, ich war ganz einfach traurig. An solchen Tagen nahm ich meine Gitarre und spielte Blues, und meine Gitarre weinte ebenfalls. Was sollte ich werden? Ich hatte keine Ahnung. Um zu vergessen, begann ich da zu trinken.

In dieser Gemütsverfassung wurde ich mit zwanzig für 26 Monate zum Militärdienst eingezogen. Das war ein zweiter Schock. Ich begriff nicht, weshalb ich lernen sollte, andere zu töten. Tausend Fragen bestürmten mich damals: Was ist das Leben überhaupt? Warum lebt man? Warum stirbt man danach? Monat um Monat hatte ich damit zugebracht, an den Seine-Ufern Gitarre zu spielen oder gar nichts zu tun, und ich wußte nichts von der Welt. Den knatternden Waffen gegenüber – ich war in Deutschland, bloß zu einer Wehrübung – fühlte ich die Auflehnung in mir hochsteigen. Warum denn töten? Konnte man auf der Erde nicht glücklich leben? Sehr bald wurde ich als »Querkopf« in eine Strafkompanie versetzt.

Trotz allem fing ich an, in meiner freien Zeit klassische Musik zu studieren und alle Bücher zu lesen, die ich beschaffen konnte. Erneut entdeckte ich eine ganz andere Welt: Literatur, Philosophie, Psychologie und

Psychoanalyse. Sofort wurde ich zum Anhänger Sartres. Aber diese Philosophie der Hoffnungslosigkeit ließ mich nur tiefer in die Verzweiflung sinken; die Zukunft gähnte wie ein bodenloser Abgrund vor mir. Was ist das Sein? Warum kommt man zur Welt? Warum das Leid? Nietzsche sprach vom künftigen Übermenschen, Freud von der Befreiung von alten Tabus . . . Zur gleichen Zeit entdeckte ich Bach und seine Musik. Ich fand sie so tief und schön, daß ich völlig weg war; manchmal zerriß mir die Schönheit geradezu die Seele. Wenn es diese Schönheit gab, konnte man sie echt und voll ausleben?

In meiner Kindheit hatte ich nicht oft von Gott gehört. Meine Eltern hatten mich eine Zeitlang in die Sonntagsschule geschickt, weil wir protestantisch waren, aber ich hatte nie zugehört und nichts aufgenommen. In den Schulferien weilte ich öfters bei einer Tante, die Diakonisse war; nach dem Abendessen sangen wir jeweils Kirchenlieder. Die Verse dieser Lieder waren zweifellos wie Samen, die auf meinen Lebensweg gesät wurden. Lange blieben sie tief in meinem Herzen verschüttet.

Eines Tages las ich ein Buch über Religion. Ich hatte es gestohlen, muß allerdings bemerken, daß ich damals Stehlen nicht Diebstahl nannte! Es war ein Band über die babylonische und sumerische Religion, der religiöse Gedichte enthielt, mit denen Menschen sich an Götter wandten. Das war für mich wie ein neuer Horizont: Konnte es höhere Wesen geben, unsichtbar für uns? Konnten sie etwas für die Menschen tun?

Um diese Zeit wurde ich nach Algerien verlegt. Dort war immer noch Krieg, hinterhältig und mörderisch. Durch Zufall schickte man mich sogleich in den Süden, an den Rand der Wüste. Da war ich nun zwischen Oasen, überrumpelt und zugleich überwältigt. Welche Pracht! Sehr oft entfernte ich mich am Abend vom Lager und saß bis spät in die Nacht im Sand, um einen Sternenhimmel zu bestaunen, wie ich ihn noch nie gesehen hatte.

Konnte es Gott geben? Langsam keimte diese Frage in mir auf.

Nach dem Militärdienst arbeitete ich ein paar Monate und gab dann alles auf, um klassische Musik von Grund auf zu studieren. Daneben unternahm ich Abstecher in die Malerei und die Lyrik. Hie und da widmete ich mich aus einer Art Trotz dem automatischen Schreiben oder schleuderte Farben oder Tinte auf große Papierbogen. Zu ein und derselben Zeit entdeckte ich André Breton, den Surrealismus und den Okkultismus und vertiefte mich in die Kabbala, die Alchimie und Astrologie. Damals entlockte ich meiner Gitarre so disharmonische und heftige Akkorde, daß ich mich noch heute wundere, wie das Instrument dabei ganz bleiben konnte.

Irgendwann in dieser Zeit begann ich, mich mit Kampfeskünsten und Yoga zu befassen. Wie schäme ich mich heute bei dem Gedanken, daß die Okkultisten und Medien, denen ich begegnete, in mir lesen konnten, ohne mich näher zu kennen... Zum Beispiel nahm ich einst bei einem weiblichen Medium an einem Kurs teil, und im Verlauf der Zusammenkunft sollte jeder seinen Beitrag entrichten. Ich hatte aber kein Geld bei mir. Die Frau sah mich nur an und sagte schnell: »Nein, dieser braucht nichts zu bezahlen...« Sie hatte mich vorher nie gesehen, und ich war früher nie an diesen Ort gekommen. Ein andermal wollte ich mich für einen Karatekurs einschreiben, aber man nahm keine Anmeldungen mehr entgegen, weil er schon ausgebucht war. Als ich mit meinem Kimono unter dem Arm das Büro verließ und unten am Übungssaal vorbeiging, rief mich der Lehrer – ein Japaner, der den schwarzen Gürtel des 4. Dan trug – herein und ließ mich sogleich mit dem Training beginnen. Wo sollte all das hinführen? Ich wußte es nicht.

Auch Yoga praktizierte ich, in der Hoffnung, so jenen Frieden zu finden, der in den Büchern als Ziel der Übungen beschrieben ist. Nach und nach dämmerte mir: Wenn es Gott gab, dann war eigentlich er das, was ich brauchte. Aber wo war er? Wie konnte man ihn finden?

Beim Lesen der Weden und der Upanischaden, jahrtausendealter hinduistischer Bücher, konnte ich den Rischis, das heißt den Sehern, in ihren Weltentstehungslehren, Ritualen und metaphysischen Spekulationen wohl folgen, fand aber keinen Bezug zu meinem Leben darin. So intensivierte ich meine Yogaübungen, bis zu mehreren Stunden am Tag, stets in der Hoffnung, auf Sinn, Ursprung und Ziel des Lebens zu stoßen.

Was ich entdeckte, war der Buddhismus, und hier meinte ich, endlich die endgültige Bestimmung aller Dinge aufgespürt zu haben. Buddha schien das Problem der menschlichen Existenz gelöst zu haben, indem er ihr durch eine Askesetechnik und vielfachen Verzicht entfloh. Er hatte anscheinend eine Lebensweise jenseits des Verlangens zu leben, jenseits des Leidens und des Todes gefunden. Seine vier Wege waren die Weisheit, die Enthaltung von Sünden gegen unsere Nächsten, die Beobachtung der fünf absoluten Verbote (Töten, Diebstahl, Ehebruch, Lüge, Trunkenheit) und der sechs transzendenten Tugenden (Almosen, vollkommene Sittlichkeit, Geduld, Tatkraft, Güte, Nächstenliebe). Wer das alles einhielte, würde einen Zustand absoluter Vollkommenheit erlangen und zum Erleuchteten werden, zu einem seligen Buddha, der jenseits von Leben und Tod existierte.

Es ist festzuhalten, daß die Hindus glauben, der Mensch müsse Tausende von Leben durchleben, in immer neuen Inkarnationen, um schließlich die Ebene zu erreichen, wo jede Dualität überwunden ist – das Nirwana, wo nichts mehr ist.

So begab ich mich auf die Suche nach diesem reinen, wunschlosen Leben, das aus Selbstverleugnung und Yoga-Disziplin bestand.

Wie lange dauerte es, bis ich einsah, daß auch die besten Absichten der Menschen zum Scheitern verurteilt sind! Und wieviel mehr noch brauchte es, bis ich einsah und zugab, daß ich selber von Natur aus der Unordnung und dem Bösen zuneigte, obschon ich in meinem Geist das Gegenteil auszuleben suchte! Buddha selber – und wie viele andere mit ihm! – mußte am Ende seines Lebens einsehen, daß er die Wahrheit nicht gefunden hatte ...

Vorerst beschloß ich, nach Indien zu reisen. Als ich zum erstenmal indischen Boden betrat, war ich völlig überzeugt, auf heiliger Erde zu gehen, und ich erwartete wirklich, überall Yogis und Weise anzutreffen; in den Büchern stand so viel von ihnen! Entsprechend groß war meine Enttäuschung und Niedergeschlagenheit angesichts des Elends, der Armut, des Sterbens ... In ungezählten Blicken las ich Trauer und Sehnsucht nach einer andern Welt. Wie kam ich in dem Augenblick bloß nicht zur Einsicht, daß es in Indien anders aussehen müßte, hätte dieses Land das Geheimnis der Weisheit besessen? Ich überlegte das nicht; zudem schämte ich mich, ein Westler zu sein. Ich hatte nicht viel Geld, aber was ich besaß, stellte für die Inder ein Vermögen dar. Das Kursgefälle beim Geldwechsel ist so groß, daß ich Tausende von Rupien erhielt, und sogar mein Schweiß – bei der Hitze – roch nach Wohlstand ...

Nach einem dreimonatigen Aufenthalt, der letztlich

nichts als Tourismus gewesen war, kehrte ich recht verdrossen nach Hause zurück. Ich hatte ein Buch von Sartre, »Das Sein und das Nichts«, im Reisegepäck gehabt und es einem Inder geschenkt, der mich aufgenommen hatte; heute betrachte ich das als Gipfel der Absurdität: welch tristes Geschenk!

Wieder in Frankreich, machte ich mit dem Yoga weiter, denn ich mußte um jeden Preis die Lösung finden. Ich ackerte nun auch alle religiösen Bücher durch, die ich aufstöbern konnte: die Bhagavadgita (Krischna), das Tripitaka (Buddha), das ägyptische und das tibetanische Totenbuch, das Zendawesta (Zarathustra), das Tao-te-King (Laotse). Alles Gelernte versuchte ich auch zu praktizieren. Doch wie weit war ich davon entfernt, mein Ziel zu erreichen! Ich wollte Reinheit erlangen, war aber von unreinen Gedanken erfüllt. Ich wollte die wahre Liebe ausleben, fiel aber in Ehebruch und Lüge. Ich wollte die Wahrheit erkennen, begegnete aber lauter Widersprüchen. Ich merkte sehr wohl, daß es nicht funktionierte, aber auch mit verdoppelter Anstrengung kam ich nicht weiter. Ich wurde gleichsam gegen meinen Willen einen Abhang hinuntergerissen, während ich doch in den Himmel hinaufklettern wollte!

Um diese Zeit entdeckte ich auch die Bibel. Damals war sie für mich einfach ein religiöses Buch unter vielen, wie die hinduistischen, ägyptischen oder griechischen, und ich las sie einmal ganz durch. Allerdings muß ich gestehen, daß ich überhaupt nichts verstand.

Gewiß, ich hatte Geschichten gelesen, Charaktere gesehen, unter ihnen Jesus, bedeutender als die andern. Ich war sogar bereit zu glauben, daß er wirklich ein großer Weiser gewesen war, konnte er doch auf dem Wasser gehen und zahlreiche Wunder tun! Es hatte mich aber nichts tiefer berührt. Mein Herz war so vertrocknet und verschlossen, daß die Botschaft von Gottes Liebe mich nicht erreichte. Immerhin hatte ich Lust, die Bibel ein zweites Mal zu lesen. Bei diesem zweiten Lesen stoppte mich Gott. Unter den ersten Worten, die mich direkt ins Herz trafen, waren folgende:

>»Wie lange, o Herr, willst du mich ganz vergessen?
>Wie lange verbirgst du dein Angesicht vor mir?
>Wie lange soll ich Sorgen hegen in meiner Seele, Kummer in meinem Herzen tragen, Tag für Tag?«
>(Psalm 13,1–3)

Ich meinte, Gott habe mich vergessen und lasse mich vergeblich suchen! Doch hatte ich das eine noch nicht begriffen: Gott ist nicht fern, aber um ihm begegnen zu können, muß das Hindernis – das heißt die Sünde – zwischen ihm und uns aus dem Weg geräumt werden!

>»Wie ein Hirsch nach Wasserbächen lechzt, so lechzt meine Seele, o Gott, nach dir!
>Meine Seele dürstet nach Gott, dem lebendigen Gott:

> Wann darf ich kommen und erscheinen vor Gottes Angesicht?
> Meine Tränen sind meine Speise Tag und Nacht, weil man täglich zu mir sagt: Wo ist dein Gott?«
> (Psalm 42,2–4)

Diese Worte wurden zu den meinen, und ich sang sie mit höchster Intensität, als Hilferuf, als Schrei.

Es war mir völlig unverständlich, warum ich um so unausgeglichener wurde, je mehr ich ein reines Leben führen wollte. Ich war inzwischen verheiratet, und wir hatten ein Kind, doch war ich zu dieser Zeit weder ein Ehemann noch ein Vater. Durch das Yoga hatte ich okkulte Fähigkeiten erworben, und der Einfluß, den ich auf andere ausüben konnte, wurde gefährlich. Man bot mir sogar eine Stelle als Yogalehrer an, die ich aber ausschlug, ohne zu wissen, warum. In meiner Arbeit häuften sich die Probleme auch zusehends. Ich war Berufsmusiker geworden und gab Konzerte, machte Tourneen im Ausland, spielte für das Radio und das Fernsehen und nahm Schallplatten auf.

Menschlich gesehen, hatte ich Karriere gemacht; das waren nun nicht mehr ein paar auf dem Gehsteig zusammengekratzte Münzen ... Ich begann Geld zu verdienen. Aber ich hatte ein unruhiges Gewissen dabei. War denn das Leben nichts weiter als Zerstreuung? Brachten die Kunst, die Musik, die Konzerte eine Lösung für die Menschheit? Sicher, ich machte gern

Musik, aber wenn ich Konzerte gab, empfand ich immer stärker, daß ich die Leute betrog, denn ich fühlte mich verantwortlich dafür, ihnen Kunst anzubieten, die ihr Gewissen einschläferte und sie von den entscheidenden Realitäten des Lebens ablenkte. Zudem wurden die Kompromisse, die ich bei der Arbeit eingehen mußte, unerträglich. Das Geld regierte alles, und um es zu verdienen, mußte man oft andere verdrängen ...

Wenn wir eine Fernsehsendung machten, war alles unecht, und man mußte so tun, als spiele man live vor den Kameras. Die Sendungen wurden mit Playback hergestellt; das Publikum hörte eine Schallplatte, nicht das lebendige Spiel. Kann man mehr heucheln, als wenn man die Mimik des inspirierten Künstlers nachahmen muß, der am Spielen ist, während in Tat und Wahrheit kein Ton von Belang ist? Aber natürlich war man gezwungen, dergleichen zu tun, als spiele man das Stück wirklich.

Oft dachte ich mit Bedauern an meine freien und spontanen »Konzerte« auf den Quais der Seine zurück ... Eines Tages beschloß ich, alles an den Nagel zu hängen und mich nur noch mit der Suche nach Gott zu befassen. Aber wo sollte ich ihn finden? Wir hatten Orthodoxe und Katholiken, Charismatiker und sogenannte »Kinder Gottes« kennengelernt, aber sie vertraten lauter verschiedene, einander widersprechende »Wahrheiten«. Ich war überzeugt, daß es nur eine einzige Wahrheit geben konnte, wenn es überhaupt

Wahrheit gab, eine unteilbare Wahrheit, die sich nicht selbst widersprach. Zwei-, dreimal trafen wir zwar echte Christen, doch war ich so sehr in meinen eigenen Gedanken gefangen, daß ich ihnen kaum zuhörte.

Meine Frau und ich beschlossen nun, wieder nach Indien zu reisen. Wie zu einer Pilgerfahrt brachen wir mit unserem zweieinhalbjährigen Kind auf; ich trug es auf den Schultern. Hatte ich auf die erste Reise ein Werk über existentialistische Philosophie mitgenommen, so packte ich diesmal ein ganz anderes Buch ein – die Bibel. Mehr und mehr las ich darin. Obwohl die zentrale Botschaft mir immer noch verhüllt war, berührten mich doch viele ihrer Worte. Als wir in Indien das Flugzeug verließen, hatte ich wieder den gleichen Eindruck: Ich liebte dieses Land, seine Einwohner, die Landschaften, die Hitze. Mir war es viel wert, daß die Maschine dort noch nicht den Menschen ersetzt. Hatte ich übrigens jemals geglaubt, gar gehofft, daß Wissenschaft und Industrie den Menschen dereinst glücklich machen könnten? Einige Monate zuvor war ich in den Vereinigten Staaten gewesen und hatte dort inmitten von Überfluß desorientierte, verzweifelte Menschen gesehen!

Diesmal besuchten wir Aschrams, geistige Bildungsstätten, doch schien mir offen gestanden, das sei nicht mehr eigentlich, was ich suchte. Eines Tages, als wir in Benares waren, der heiligsten Stadt Indiens, badete ich mehrmals im rituellen heiligen Fluß der Hindus, dem

Ganges. Von der Mitte des Flusses aus beobachtete ich die mit aller Art Tempeln überladenen Ufer, die Tausende von Menschen, die nach dem Absoluten dürsteten und gekommen waren, eifrig ihre Waschungen vorzunehmen, mit einer Inbrunst, als ob sie dadurch vor dem Tod noch zu einem Leben zu kommen hofften. An vielen Orten stieg Rauch von den Scheiterhaufen für die Feuerbestattung auf, es roch nach verbranntem Fleisch; die Knochenreste wurden danach in den Fluß gestreut . . . Ich werde mich immer an den Burschen erinnern, der mich eines Tages fragte, ob ich die Stelle kenne, wo man die Toten verbrannte. Ich sagte ihm, es gebe überall welche, und wir gingen zusammen hin. Als er sah, wie die Flammen nach den Leibern zwischen den Ästen des Scheiterhaufens griffen, war er außer sich vor Schrecken und blickte mich verzweifelt an. Er drehte beinahe durch. Wie so viele andere – und wir zwei auch – irrte er durch die Welt auf der Suche nach dem Sinn von Leben und Tod. Wie viele junge Leute trafen wir, die langsam zu Wracks verkamen. Drogen, Sex und Mystik gaukelten ihnen ein Scheinleben vor, aber ach, diese Wege sind verhängnisvoll – alle führen sie in den Tod!

Im Himalaya betrat ich oft buddhistische Tempel. Man empfing mich freundlich, doch blieb mir schleierhaft, was all diese vergoldeten oder bemalten Standbilder bewirken sollten. Die tibetanischen Mönche gaben sich ruhig und heiter; freilich schien das Leben zu fehlen, und ihre geheimnisvollen Riten waren sehr kompliziert.

War dies das Leben? die Weisheit? War das alles, was Buddha hinterlassen hatte? Ich begann mich zu fragen, was aus all den Weisen und Yogis der Geschichte geworden war. Was machten Buddha, Krischna oder Zarathustra jetzt? Sie waren gestorben, und man wußte nichts mehr von ihnen. Jesus dagegen war auferstanden ...

Wir mußten nach Frankreich zurückkehren. Wir hätten in Indien bleiben können, ich hätte sogar in einem Aschram Gitarrenunterricht geben können, wie man mir vorschlug, – aber irgend etwas hieß mich heimreisen. Hatte ich acht Jahre zuvor »Das Sein und das Nichts« einem Inder vermacht, so nahm ich diesmal meine Bibel wieder mit, die doch ein echtes Geschenk dargestellt hätte! Offengestanden begann ich, an der Bibel zu hängen, die mir mehr und mehr zum lebendigen Wort wurde.

Es geschah beim Lesen der Bibel auf dem Rückflug – wir flogen gerade über Griechenland –, daß ein Wort Jesu mich buchstäblich ins Herz traf: »Selig sind, die reinen Herzens sind, denn sie werden Gott schauen« (Matthäus 5,8). Nach Jahren der Suche, des Yogas, der verschiedensten Übungen wurde mir nun bewußt, daß mein Herz nicht rein war. Mein ganzes bisheriges Leben zog an mir vorüber; all mein Unrecht, all meine Verirrungen, all meine Sünden kamen mir in den Sinn. Ich hatte stets versucht, gut dazustehen, denn beim Yoga und in den diversen Religionen bemüht man sich, die Sünde zu meistern, aber das ist, als tünchte man eine dreckige Mauer mit Kalk! Ich hatte versucht, mich für weise, gerecht und glücklich zu halten und war doch elend...

Wenn ich aus dem Flugzeug hätte springen können, ich hätte es getan! Gab es denn keine Methode, Gott zu nahen und Frieden zu empfangen? Ich hatte alle menschlichen Religionen mit ihren Propheten ausprobiert, stets im brennenden Verlangen zu ermitteln versucht, ob wenigstens *eine* Religion der Menschheit das Glück gebracht habe. Ich fand keine.

Hätte Jesus im Evangelium nicht hinzugefügt: »Bittet, so wird euch gegeben, sucht, so werdet ihr finden, klopft an, so wird euch aufgetan; denn wer bittet, der empfängt, und wer sucht, der findet; und wer anklopft, dem wird aufgetan« (Matthäus 7,7–9) und weiter: »Geht ein durch die enge Pforte, denn die Pforte ist weit und der Weg breit, der ins Verderben führt, und viele sind es, die da hineingehen. Aber die Pforte ist eng und der Weg ist schmal, der zum Leben führt, und wenige sind es, die ihn finden« (Matthäus 7,13–14) – ohne diese Worte wäre ich völlig verzweifelt. Die folgenden Monate lebte ich in äußerster Verwirrung. An wen sollten wir uns wenden? Wir hatten damals zu Hause Bilder von Buddha und Ikonen von Jesus und von Heiligen, und wir fingen an, verschiedene Kirchen aufzusuchen; das war uns jedoch überhaupt keine Hilfe. Im Gegenteil, wir wurden unmerklich in Götzendienst und Aberglauben gezogen.

Da begann ich eine Art Zwiegespräch mit Gott durch sein Wort. Als ich zu ihm schrie, sagte er mir: »Wenn du die Gabe Gottes erkenntest . . .« (Johannes 4,10). Ich fragte ihn: »Was ist denn diese Gabe?« und las darauf: »Der Lohn der Sünde ist der Tod, die Gnadengabe Gottes aber ewiges Leben in Christus Jesus, unserem Herrn« (Römer 6,23). In meinem Herzen erhoben sich dann die Fragen: »Und Buddha? Und Krischna? Und das Yoga? . . .« Er antwortete mir: »Das Heil kommt von den Juden« (Johannes 4,22). Zu jener Zeit erschien es mir, als seien die verschiedenen Religionen nur unterschiedliche Aspekte einer universellen Wahrheit: warum also Jesus allein? Indes, die Bibel sagte mir: »Es ist in keinem anderen das Heil: denn es ist auch kein anderer Name unter dem Himmel den Menschen gegeben, in welchem wir sollen gerettet werden« (Apostelgeschichte 4,12).

All das war ich noch nicht anzunehmen bereit. Aber Gott, der meine Schwierigkeiten und meinen Unglauben kannte, half mir, indem er mir einen Beweis lieferte. Ich komme gleich dazu, wie er mich von der absoluten Wahrhaftigkeit seines Wortes überzeugte; doch lesen wir zuerst jenen Text, den er gebrauchte, um zu mir von Jesus Christus, seinem geliebten Sohn, zu sprechen, welchen er in die Welt sandte:

»Als nun Jesus geboren war zu Bethlehem im jüdischen Lande, in den Tagen des Königs Herodes, siehe, da kamen Weise aus dem Morgenland nach Jerusalem, die sprachen: Wo ist der neugeborene König der Juden, denn wir haben seinen Stern gesehen im Morgenlande und sind gekommen, ihn anzubeten. Da das der König Herodes hörte, erschrak er und ganz Jerusalem mit ihm. Und er berief alle Hohenpriester und Schriftgelehrten des Volkes zusammen und erfragte von ihnen, wo der Christus geboren werden sollte. Sie aber sagten zu ihm: Zu Bethlehem im jüdischen Lande; denn also steht geschrieben durch den Propheten: ›Und du, Bethlehem im Lande Juda, bist keineswegs die geringste unter den Fürsten Judas; denn aus dir wird ein Herrscher hervorgehen, der mein Volk Israel weiden soll!‹ Da berief Herodes die Weisen heimlich und erkundigte sich bei ihnen genau nach der Zeit, wann der Stern erschienen wäre, und sandte sie nach Bethlehem und sprach: Zieht hin und forscht genau nach dem Kindlein. Und wenn ihr es gefunden habt, so tut mir's kund, auf daß auch ich komme und es anbete. Und als sie den König gehört, zogen sie hin. Und siehe, der Stern, den sie im Morgenlande gesehen, ging vor ihnen her, bis er kam und über dem Orte stillstand, wo das Kindlein war. Da sie nun den Stern sahen, wurden sie sehr hoch erfreut und gingen in das Haus hinein und fanden das Kindlein samt Maria, seiner Mutter. Und sie fielen nieder, beteten es an, taten ihre Schätze auf und brachten ihm Gaben, Gold, Weihrauch und Myrrhen. Und da sie im Traum angewiesen wurden, nicht wieder zu Herodes zurückzukehren, entwichen sie auf einem andern Wege in ihr Land« (Matthäus 2,1–12).

Mich beschäftigte zunächst die Tatsache, daß diese Weisen den Orient verlassen hatten, während ich doch meinte, man müßte ihn aufsuchen. Sie hatten astrologische und okkulte Kenntnisse, aber hatten sie das Leben gefunden? Offenbar nicht, denn sie waren noch auf der Suche ... Ferner hatten sie, während ich das Licht in mir selber suchte, auf den Stern geblickt, das heißt außerhalb von sich. Gewiß, ich war bereit zu glauben, daß jener Stern ein Zeichen von Gott war, doch – war ich auch bereit, meine eigenen Erfahrungen loszulassen und nur noch auf die Weisungen Gottes zu achten? Die Weisen hatten dem göttlichen Befehl gehorcht und alles hinter sich gelassen, um dem Stern zu folgen. Ich muß gestehen, es erstaunte mich zutiefst, daß der Stern sie nicht direkt an den Ort führte, wo Jesus war, sondern nach Jerusalem, wo er nicht war! Hier angekommen, mußten sie schließlich zugeben, daß sie nicht wußten, wo Jesus, der König der Juden, geboren worden war! Es ärgerte mich beinahe für sie. All diese Kenntnisse zu besitzen, von einem Stern so weit geführt zu werden und dann in aller Öffentlichkeit fragen zu müssen: »Wo ist er?«, das kam mir unglaublich vor! Aber war ich selber fähig zuzugeben, daß ich nichts wußte? Daß ich ein Ignorant war und nicht wußte, woran ich war?

In Jerusalem war alles beunruhigt. Sogleich erkundigte man sich bei den Priestern und Schriftgelehrten – die ja das geschriebene Wort Gottes verwahrten – nach dem Ort, an dem der Christus geboren werden sollte. Sie konnten unverzüglich feststellen, daß es in Bethlehem in Judäa war, da dies eindeutig im voraus niedergeschrieben worden war. Und diese Prophetie, die mehrere Jahrhunderte zuvor aufgeschrieben wurde, erfüllte sich mit Präzision! Plötzlich ging mir auf, daß man Gott *einzig und allein über sein Wort* finden kann. Gott konnte und kann sich nicht anders offenbaren, ist doch das Wort Gottes seine Offenbarung! Deshalb hatte der Stern sie nach Jerusalem geführt und nicht direkt an den Ort, wo Jesus sich befand. Sie waren sehr religiöse Leute und besaßen wahrscheinlich jede Menge religiöser und mystischer Bücher – wie ich auch –, aber ihnen fehlte das Wort Gottes selbst: die Bibel. Wieviel hatte mir das zu sagen! Hatten all die Bücher in meinem Besitz mir den wahren Weg gezeigt? Wurde ich von der Sünde, vom Tod befreit? Nein, ich war immer noch in der Finsternis. Ebenso wenig wie jene Weisen hatte ich in den mystischen und religiösen Erfahrungen Gott finden können.

Da begriff ich, daß es Gottes Absicht war, seinen Sohn durch das Wort zu offenbaren. Mein Herz schmolz buchstäblich. Konnte auch ich Jesus, den Sohn Gottes, anbeten? Konnte ich zu ihm kommen? Aber mußte ich nach Jerusalem gehen? Oder irgenwohin pilgern? Nein, ich hatte das Wort Gottes unter den Augen... Viele Stellen kamen mir in den Sinn, überwältigten mich: »Wenn wir unsere Sünden bekennen, so ist er treu und gerecht, daß er uns die Sünden vergibt und uns reinigt von aller Ungerechtigkeit. Wenn wir sagen, wir haben nicht gesündigt, so machen wir ihn zum Lügner, und sein Wort ist nicht in uns« (1.Johannes 1,9–10). Und weiter: »Tut Buße, denn das Himmelreich ist nahe herbeigekommen« (Matthäus 4,17). Aber was konnte ich ihm bringen? Ich besaß weder Gold noch Weihrauch oder Myrrhe... Ich hatte nichts, vielmehr: ich hatte nichts als mein verpfuschtes, verzweifeltes Leben, voller Sünden und Elend.

Wie gewaltig ist doch Gottes Liebe! Er gewährte mir seine Gnade, und ich kapitulierte vor ihm. *Er tat mir* seine unendlichen Schätze auf und überflutete mich mit seinem göttlichen Frieden. Ich bekannte ihm meine Sünden; er vergab sie mir. Ich gestand ihm ein, daß ich auf dem Weg des Todes gegangen war, und er gab mir das Leben. Welche unbeschreibliche Freude erfüllte mich da! Ich war wie durchstrahlt von seinem Licht, und das Blut Jesu reinigte mich von aller Beschmutzung; endlich erlebte ich die wahre Ruhe. Die Worte sind zu schwach, um die unendliche Güte und Liebe Gottes zu schildern. Ich erkannte, daß Jesus der Herr ist, und übergab ihm mein Leben.

Meine Frau schlug ebenfalls diesen Weg des Lebens ein, und seither gehen wir Seite an Seite im Licht und Frieden Gottes, in der Erwartung seiner Wiederkunft, und leben voll gemäß diesen Worten: »Darum, ist jemand in Christus, so ist er eine neue Kreatur; das Alte ist vergangen, siehe, Neues ist geworden« (2.Korinther 5,17).

Die Weisen kehrten auf einem anderen Weg nach Hause zurück. Sie hatten den Sohn Gottes gesehen und erkannt. Dieses Ereignis läutete gewissermaßen das Ende der Magier-Zeit ein. Jesus war auf die Erde gekommen, um die Menschen der Finsternis zu entreißen, das Reich Gottes war nahe herbeigekommen, all jene, die durch Satan gebunden waren, sollten endlich befreit werden. Haben die Weisen von heute diese Lektion vor Augen?

Ich jedenfalls hatte keine Ahnung gehabt, daß die Ausübung von Yoga und Okkultismus mich an den Teufel gekettet hatte. Jesus zeigte mir die Bindungen, die mich in der Finsternis hielten, und befreite mich aus ihrer Gewalt; so wurde ich die okkulten Kräfte, die ich durch meine Praktiken erworben hatte, wieder los. Nicht nur verbrannte oder zerstörte ich alle Bücher und Gegenstände, die dazugehört hatten; sondern das Blut Jesu Christi reinigte auch mein innerstes Wesen, und mein Gewissen wurde von allen toten Werken befreit. Es ging mir auf, daß ich durch mein Handeln das Gericht und den Tod verdient hatte, daß Gott mich jedoch begnadigte ohne irgendein Verdienst meinerseits.

> »Wenn du Sünde behältst, Herr, wer kann bestehen?
> Aber bei dir ist die Vergebung, auf daß man dich fürchte« (Psalm 130,3–4).

Heute noch sagt Jesus zu jedem: »Ich bin der Weg, die Wahrheit und das Leben. Niemand kommt zum Vater, denn durch mich« (Johannes 14,6). Daher, »wen dürstet, der komme; wer will, der nehme das Wasser des Lebens umsonst« (Offenbarung 22,17).

1 Ursprung des Bösen

»Wie bist du vom Himmel herabgefallen, du Morgenstern, wie bist du zu Boden geschmettert, der du die Völker niederstrecktest! Und doch hattest du dir in deinem Herzen vorgenommen: Ich will zum Himmel emporsteigen und meinen Thron über die Sterne Gottes erhöhen und mich niederlassen auf dem Götterberg im äußersten Norden; ich will über die in Wolken gehüllten Höhen emporsteigen, dem Allerhöchsten gleich sein! Ja, zum Totenreich fährst du hinab, in die tiefste Grube!« (Jesaja 14,12–15)

Diese erstaunlichen Worte hat der Prophet Jesaja im siebten Jahrhundert vor der Geburt Jesu Christi niedergeschrieben. Dieser gleiche Prophet spricht folgendermaßen von Jesus: »Denn uns ist ein Kind geboren, ein Sohn ist uns gegeben; und die Herrschaft kommt auf seine Schulter; und man nennt ihn: Wunderbar, Rat, starker Gott, Ewigvater, Friedefürst.« (Jesaja 9,5)

Aber von wem ist vorher die Rede, wenn es heißt: »Wie bist du herabgestürzt vom Himmel, strahlender Stern«

und »Du bist hinabgestürzt in das Totenreich«? Ezechiel, ein anderer Prophet, spricht von der gleichen Person mit folgenden Worten:

»Du warst ein Gesalbter, ein schützender Cherub; ich habe dich gesetzt auf den heiligen Berg Gottes, und du wandeltest mitten unter den feurigen Steinen. Du warst vollkommen in deinen Wegen von dem Tage deiner Erschaffung an, bis Missetat in dir gefunden wurde.« (Ezechiel 28,14–15)

Später hat Jesus selbst von ihm gesagt: »Ich sah den Satan wie einen Blitz vom Himmel fallen.« (Lukas 10,18) Satan, ein gefallener Engel, aus dem Himmel verwiesen wegen seines Ungehorsams und seines Stolzes, ist der Fürst der Finsternis geworden, und er hat in seinem Fall eine große Zahl von Engeln und die ganze Menschheit mit sich gerissen, indem er sie an ihrem Ursprung angriff: im ersten Mann und in der ersten Frau.

Im Garten Eden war er es, der sich in der Form einer Schlange an Eva wandte: »Hat Gott wirklich gesagt, ihr dürft nicht essen von jedem Baum im Garten?« (1.Mose 3,1) Gott hat zum Menschen gesagt: »Du sollst essen von allen Bäumen des Gartens; aber von dem Baum der Erkenntnis des Guten und des Bösen sollst du nicht essen; denn welchen Tages du davon issest, mußt du unbedingt sterben!« (1.Mose 2,16–17)

Dies bestreitet der Teufel: Wie! Hat Gott das wirklich gesagt? Und er wagt es, Gott offen zu widersprechen, indem er behauptet: »Ihr werdet sicherlich nicht sterben! Sondern Gott weiß: welchen Tages ihr davon esset, werden eure Augen aufgetan und ihr werdet sein wie Gott und wissen, was gut und böse ist.« (1.Mose 3,4–5)

Da waren der Mann und die Frau Gott, ihrem Schöpfer, ungehorsam. Schuldig der Übertretung, sollten sie nun allerdings Gut und Böse erkennen, und zwar indem sie die Erfahrung des Bösen machten und so von Gott getrennt wurden. Sie hatten ihren Leib und ihre Seele an den ausgeliefert, der sie versucht hatte.

»Durch einen Menschen ist die Sünde in die Welt gekommen und durch die Sünde der Tod, und so ist der Tod zu allen Menschen hindurchgedrungen, weil sie alle gesündigt haben.« (Römer 5,12) Seit diesem verhängnisvollen Tag ist im Herzen jedes Menschen ein Verlangen: das verlorene Paradies wiederzufinden, sich einen Weg in den Himmel zu bahnen . . .

2 Ursprung und Prinzip des Yoga

Es ist doch erstaunlich, daß in jeder geschichtlichen Epoche fast alle religiösen Texte die Geschichte vom Fall des Menschen berichten. Indien, sehr reich an religiösen Schriften, weist eine große Anzahl von Erzählungen auf, in denen großartige Menschen versuchen, das Paradies wiederzugewinnen, indem sie allerhand Methoden erfinden, um sich dadurch bis zum Himmel hinaufzuarbeiten . . .

Aber wer diese Texte studiert, wird immer in seinem Aufsteigen gestoppt, denn – wie diese Texte selber zugeben – je höher man sich erhebt, desto weniger findet man Gott. Die Rigweda, eine der ältesten Hymnensammlungen, fragt: »Wer ist er, dieser Gott, damit wir ihm durch unser Opfer dienen?«

Es waren Rischis – Seher –, die die Weden schrieben, religiöse Texte aus dem 20. bis 15. Jahrhundert vor Christus. Sie enthalten Weltdeutungen, Rituale, Gebetsformeln und Opferregeln.

In den Jahrhunderten, die auf die Schriften der wedischen Seher folgten, entwickelte Indien eine Philosophie, deren Ziel es war, die Fragen des Daseins des Menschen auf Erden und seiner Bestimmung zu erhellen.

Ungefähr bis zum fünften Jahrhundert vor Christus entstanden eine große Anzahl von Schulen verschiedener Richtungen, in verschiedenen religiösen Systemen. Wir wollen hier insbesondere eine Technik näher ansehen, die sich in eben dieser Epoche als individuelles und interkonfessionelles Heilmittel durchsetzte, zumal sie alle, die nach dem ewigen Leben strebten, in ihrer Suche vereinigen konnte: die Technik des Yoga.

Ein junger Hindu, Sohn eines Fürsten, ergriffen vom Entsetzen über das menschliche Leiden und das Böse, das dem Menschen anhaftet, wurde Mönch und machte sich auf die Suche nach der Befreiung von dem, was die Hindus das Rad der Geburten nennen. Die Philosophie der Weden glaubt, daß der Mensch in aufeinanderfolgenden Wiedergeburten auf die Erde zurückkehrt, bis er die letzte Etappe durchschritten hat, nach der er sich im Unendlichen verliert, jenseits von Leben, Leiden und Tod.

Nach Jahren der Askese, aller möglichen Arten von Entbehrungen und der Kasteiung seines Körpers glaubte dieser Mönch, ein Mittel entdeckt zu haben, um der schmerzlichen Zwangsläufigkeit des Lebens zu entrinnen: sich dem Verlangen nach Leben entziehen. Das ist letzlich der Versuch, die Natur des Menschen aufzulösen, indem eine Verschmelzung der menschlichen Seele mit dem Kosmos angestrebt wird, des Individuellen mit dem Universellen, des Menschen mit Gott.

Dieser Mönch nannte sich fortan Buddha, das heißt »der Erleuchtete«, und das geschah fünf Jahrhunderte vor der Ankunft des Sohnes Gottes, Jesu Christi, auf der Welt. Buddha verbreitete alsbald seine Lehre und seine spezifische Technik: das Yoga. Natürlich ist Buddha nicht der einzige gewesen, der in Richtung des Yoga geforscht hat, viele andere haben es vor und nach ihm getan. Mehr oder weniger ausgefeilte Techniken gab es bereits in seiner Zeit, und er bediente sich ihrer als Arbeitsgrundlage. Texte wie die Upanischaden, die Aphorismen von Patanjali, die Bhagavadgita wurden im Orient häufig benützt und sind heute auch im Westen sehr verbreitet.

Dieses Mittel der Selbsterlösung führte sich dann rasch im ganzen Orient ein, und Tausende von Anhängern fingen an, Yoga zu praktizieren, unabhängig von ihrer Kaste und ihrer Religion.

Es ist wichtig, dies hier festzuhalten, denn noch heute läßt diese Heilstechnik religiöse Trennwände einfach links liegen: jeder kann Yoga betreiben, und alle Motive können dafür herhalten, angefangen bei der inneren

Suche und bis zum sportlichen Yoga zum Abnehmen.

Aber wir wollen schauen, was jenseits aller Beweggründe hinter dieser Praktik steckt und wie der Mensch sich noch heute verführen läßt durch jene subtile Stimme: »Ihr werdet sein wie Gott.« Seit Buddha ist eine große Vielfalt von Yoga-Techniken entwickelt worden, doch wir interessieren uns ausschließlich für das Grundprinzip, das sie alle bestimmt.

Dieses Prinzip ist psycho-physiologisch: Geist und Körper müssen für eine gemeinsame Aufgabe miteinander verbunden werden. Der Yogi muß anfangs voraussetzen, daß in ihm eine Kraft schlummert, die er aufwecken muß. Die Körperhaltungen, unterstützt durch eine entsprechende geistige Konzentration, üben eine Wirkung aus auf das innere Funktionsgefüge des Leibes und der Seele. Gemäß der Hindu-Tradition schlummert am Grunde der Wirbelsäule eine Kraft, die man Kundalini nennt. Diese Kraft wird dargestellt durch eine eingerollte Schlange an der entsprechenden Körperstelle.

Das Ausüben des Yoga hat zum Ziel, diese Kraft aufzuwecken und sie entlang der Wirbelsäule hinaufzuführen. Immer gemäß der genannten Tradition, gibt es auf diesem Weg sieben Kraftzentren, die man Chakras nennt – was soviel heißt wie Räder –, die durch das Hindurchgehen der Kundalini-Kraft in Bewegung gesetzt werden müssen, und das bis zum letzten Chakra, das am Scheitelpunkt liegt.

Jedesmal, wenn ein Zentrum erweckt ist, verleiht es dem Yogi eine neue Kraft, die ihm erlaubt, noch einen Schritt weiter zu gehen, bis zu einer Art innerer Erleuchtung beim Austritt der Seele aus dem Körper, wenn sie schließlich die Kraft findet, sich zu jenen Sphären zu erheben, wo es keine Gegensätze mehr gibt. Das ist das Nicht-Leben, die Nicht-Existenz, das Nicht-Leiden. Dieser Zustand wird das Nirwana genannt.

Aber was wird in diesem Zustand aus dem Yogi selbst, wozu wird er selbst?

Von Anfang an wird er durch die Haltungen, die er übt, in einen Prozeß hineingenommen, der seiner Kontrolle entgleitet. Die Haltungen, begleitet durch eine besondere Atmung und gedankliche Konzentration auf bestimmte Körperstellen, führen ihn zu etwas, das über ihn hinausgeht und worüber er nicht Herr ist.

Die Körperhaltungen wirken sich in ihm aus, was auch immer sein Wille sein mag. Übrigens wird sein Wille sogar für die Haltungen eingespannt: Sie verlangen eine große Konzentration der physischen und geistigen Kraft und die ganze Aufmerksamkeit dessen, der sie praktiziert.

Darüber hinaus umgibt sich der Yogi in einem gewissen Stadium mit einer Hülle von Vibrationen, indem er selber bestimmte Laute und bestimmte rituelle Formeln ausstößt. Er verliert dabei völlig das Bewußtsein von seiner Umgebung, der inneren Vorgänge, ja seiner Existenz.

Während dieser Zeit entwickelt sich unaufhaltsam die Kundalini-Kraft, macht aus dem Yogi einen Sklaven des angeblichen Wohlbefindens, das sie ihm vermittelt. Es ist bedauerlich, feststellen zu müssen, daß sehr viele Yoga betreiben, ohne sich klarzumachen, was sich dahinter verbirgt.

Yoga ist weder Sport, noch etwas, das innere Ruhe vermittelt, noch ein Weg, der zu Gott führt. Es ist eine Praktik der (angestrebten) Selbsterlösung, die das natürliche Wesen des Menschen verherrlicht und versucht, aus ihm einen Übermenschen zu machen. Sie steht in förmlichem Widerspruch zum Weg Gottes. Gott hat den Menschen niemals dazu geschaffen, daß er passiv sei, gebunden an irgend etwas, das ohne sein Wissen auf ihn einwirkt.

Aber das Yoga geht noch weiter: In Mißachtung der göttlichen Gesetze des menschlichen Leibes versucht es, den Stoffwechsel des Einzelnen zu verändern. Das heißt, eine bestimmte Körperhaltung wirkt sich im Bereich der Organe auf das tiefste Wesen des Menschen aus. Alle Haltungen haben eine Auswirkung auf die inneren Organe des menschlichen Körpers und besonders auf die antreibenden und lebensnotwendigen Organe, wie zum Beispiel das Herz, die Lunge, die Drüsen, die Verdauungs- und die Sexualorgane. Genauso wie das Muskelsystem im Yoga nur diejenige Kraft zu entwickeln braucht, die nötig ist, um die Körperhaltungen einzunehmen und beizubehalten, wird das Organsystem dahingehend verändert, daß es jene innerlich aufwärtssteigende Kraft hindurchläßt, die Kundalini-Kraft. Aber damit sind wir nicht am Ende angelangt. Gemäß der traditionellen Hindu-Lehre sind die Kraftzentren oder Chakras mit Geistern verbunden, die sich außerhalb des Körpers befinden, in einem Bereich, der Astralregion genannt wird. In eben dieser Region leben die gefallenen Geister und ihr Anführer: Satan. Diese sind es, die dem Yogi die Kraft verleihen, sich zu erheben, und sie leiten das Aufsteigen der Kundalini und das Erwachen der Chakras. Wenn ein Zentrum erleuchtet ist, werden diese Geister angesprochen und können dann weiter handeln: Sie verleihen dem Yogi Kräfte wie zum Beispiel die Telepathie, die Telepsychie (das Vermögen, durch Denken einen Einfluß auf andere Menschen auszuüben), Wahrsagerei, die Fähigkeit, mit den Geistern Verstorbener Kontakt aufzunehmen, das Sichtbarmachen bestimmter Erscheinungen usw.

Beim Lesen dieser Zeilen werden Sie vielleicht ausrufen: »Aber das geht völlig über das Yoga hinaus, das ich kenne!« Nämlich sich zu entspannen, sich leer zu machen usw.

Doch genau das ist es; den Geist leer machen öffnet den gefallenen Geistern die Türe. Sie haben keinen

Leib, und ihr Verlangen ist es, einen zu besitzen . . . In seiner Suche nach Lösungen stürzt sich der moderne Mensch auf alles, was ihm der Orient vorschlägt; das Geheimnisvolle zieht ihn an.

Der Teufel will angebetet werden und wendet eine Unzahl von Kunstgriffen und Nachäffereien an, um die Menschen anzuziehen, die des Materialismus und der inneren Angst müde geworden sind. Wie er es bei Jesus gemacht hat, so zeigt Satan dem Menschen alle Königreiche der Welt und ihre Herrlichkeit und sagt zu ihm: »Dieses alles will ich dir geben, wenn du niederfällst und mich anbetest.« (Matthäus 4,9)

Aber Jesus antwortete ihm: »Hebe dich weg von mir, Satan! Denn es steht geschrieben: ›Du sollst den Herrn, deinen Gott, nicht versuchen.‹« (Matthäus 4,10)

3 Was ist der Mensch?

»Wenn ich deinen Himmel betrachte, das Werk deiner Finger,
den Mond und die Sterne, die du gemacht hast:
Was ist der Mensch, daß du seiner gedenkst,
und des Menschen Sohn, daß du auf ihn achtest?«
(Psalm 8,4–5)

Das ist die grundlegende Frage, die sich der Mensch stellt. Zu allen Zeiten haben sich die Philosophen, die Gelehrten und die Denker das gefragt. Und nicht nur sie, sondern jeder Mann, jede Frau fragt sich eines Tages: »Was bin ich?«

Die Antwort ist einfach, exakt, für den Menschen verständlich: »Gott schuf den Menschen ihm zum Bilde, zum Bilde Gottes schuf er ihn: männlich und weiblich schuf er sie.« (1.Mose 1,27)

Und weiter: »Da bildete Gott der HERR den Menschen, Staub von der Erde, und blies den Odem des Lebens in seine Nase, und also ward der Mensch eine lebendige Seele.« (1.Mose 2,7)

Gott wollte, als er den Menschen erschuf, daß dieser ein Wesen sei, das teilhabe an seiner Liebe und an seinem göttlichen Leben. Gleichzeitig gab er dem Menschen die Herrschaft über die Erde: »»Seid fruchtbar und mehret euch und füllet die Erde und machet sie euch untertan und herrschet über die Fische im Meer und über die Vögel des Himmels und über alles Lebendige, was auf Erden kriecht!'« (1.Mose 1,28)

Zudem wollte Gott mit dem Menschen verkehren und ihm alles schenken, was er besaß. Der Mensch konnte auf die Liebe Gottes mit seinem Gehorsam antworten, in voller Freiheit, und auf diese Weise zeigen, daß er seinen Platz als Sohn in dem Reich des Vaters einnahm.

Leider haben wir sehen müssen, wie der Mensch diesen Platz verloren hat und wie er durch seinen Ungehorsam eine schreckliche Folge über die ganze Menschheit gebracht hat, nämlich die Sünde.

Wie steht es nun aber um diesen Menschen, der sich von seinem Schöpfer getrennt hat? Da Gott Geist ist, verkehrte er durch den Geist des Menschen mit ihm. Doch als Gott die völlig aus dem Gleichgewicht geratene menschliche Natur sah, mußte er sagen: »Mein Geist soll nicht ewig im Menschen bleiben!« (1.Mose 6,3 nach rev. Elberfelder)

Zuvor war der Geist des Menschen, der ihm den Umgang mit Gott erlaubte, erleuchtet durch die Gegenwart des Geistes Gottes in ihm. Aber als Gott seinen Geist zurückzog, da fand der Mensch sich im Tode.

Gott hatte gesagt: »Du sollst essen von allen Bäumen des Gartens; aber von dem Baum der Erkenntnis des Guten und des Bösen sollst du nicht essen; denn welchen Tages du davon issest, mußt du unbedingt sterben!« (1.Mose 2,16–17) Offensichtlich ist hier nicht vom leiblichen Tod die Rede – obwohl er auch eine Folge ist –, sondern vom geistlichen Tod. Der Mensch war fortan getrennt von Gott und kannte ihn nicht mehr als Vater und Schöpfer. Aber in seiner Liebe hat Gott über alle Zeiten hinweg nie aufgehört, seine Geschöpfe zu suchen und sie zu sich zu ziehen.

Seit jenem verhängnisvollen Tag ist der Mensch nur noch ein erloschenes Gestirn. Ohne die innere Erleuchtung und die Führung seines Schöpfers ist er sich selbst und den feindlichen Kräften um ihn herum ausgeliefert. Denn die ganze Schöpfung ist der Vergänglichkeit unterworfen durch den Fall des Menschen, und dieser selbst ist vollkommen aus dem Gleichgewicht gebracht worden. Sein Geist ist wie erloschen, seine Seele ist unter die Herrschaft des Körpers geraten, und die Ordnung des Körpers ist in all ihren natürlichen Funktionen gestört. Er hat sich dem unterworfen, der ihn in seinem Fall mitfortgerissen hat: Satan. Somit hat der

Teufel Rechte über den Menschen, da sich der Mensch ihm freiwillig ausgeliefert hat.

Nur ein besonderes Eingreifen Gottes kann diesen Zustand ändern. Aber zuerst muß der Mensch über seinen Zustand aufgeklärt werden und den Wunsch entwickeln, daraus befreit zu werden, zu Gott zurückzukehren.

Sehr viele Yogis und andere Suchende sehen sich mit den schlechten Neigungen ihres Wesens konfrontiert. Da setzt dann jeder seine persönliche Technik ein, um sich selbst zu verändern oder zu verbessern, wobei er versucht, die menschliche Natur zu überwinden, so etwa im Buddhismus und im daraus herrührenden Yoga, ferner in den Kampfeskünsten und im Zen.

Der Mensch sucht um jeden Preis das Mittel, sich entweder Gott, der unerreichbar geworden ist, zu nähern, oder ihn zu vergessen, indem er sich selbst zu genügen bemüht ist. Überall auf Erden stehen Tempel, die angefüllt sind mit Kultgegenständen. Auf der ganzen Erde laufen Riten und Liturgien ab mit dem Ziel, den »Zorn des Himmels« zu besänftigen und die Gunst Gottes zu erwerben. Es gibt auch geheime Sekten mit Einweihungsgraden und magischen Riten; es gibt überall Wahrsager, Zauberer, Magier, Spiritisten; man befragt Personen, die die Zukunft vorhersagen, und es steht fest, daß im Westen heute der Okkultismus, das Yoga und die psychischen Phänomene rapide zunehmen. Eine Woge von Mystizismus ergießt sich über die Welt, und die Sekten, welche mit Spektakulärem, Mysteriösem werben, werden immer zahlreicher.

Das Yoga dringt in alle Bereiche ein. Alle Beweggründe sind gut, und man betreibt es zu Hause, in Schulen aller Stufen, in allen möglichen Ausbildungslehrgängen. Man sucht die innere Ruhe. Man praktiziert Transzendentale Meditation, und es gibt sogar ein »christliches Yoga«, das in den offiziellen Kirchen praktiziert wird!

Indessen wird die Welt durch diese falschen Lehren irregeleitet. Nichts von alledem kann die gefallene Natur des Menschen verändern. Nichts kann dieses Herz verwandeln, das böse und ungläubig geworden ist. Nur Gott kann es tun, und das ist sein Wille. »Denn ich habe kein Verlangen nach dem Tode des Sterbenden, spricht Gott, der HERR. So kehrt denn um, und ihr sollt leben!« (Ezechiel 18,32)

4 Wie kommt man mit Gott in Verbindung?

Jesus sagt: »Wahrlich, wahrlich, ich sage dir, wenn jemand nicht von neuem geboren wird, so kann er das Reich Gottes nicht sehen!« (Johannes 3,3)

Von neuem geboren werden ... Da kommen wir in Verlegenheit. Geht es darum, daß man Zugang erhält zu einer andern Welt? Geht es darum, daß man in einer neuen und besseren Welt wiedergeboren wird? Die Religionen schlagen uns Dinge dieser Art vor, aber das ist es nicht.

Jesus fügt hinzu: »Was aus dem Fleische geboren ist, das ist Fleisch, und was aus dem Geiste geboren ist, das ist Geist.« (Johannes 3,6) Das heißt, daß meine Natur des Fleisches fleischlich ist, daß sie nichts anderes sein kann und nie etwas anderes sein wird. Ebenso werde ich mit dieser Natur niemals das Reich Gottes sehen.

»Ich ... bin fleischlich, unter die Sünde verkauft. Denn was ich vollbringe, billige ich nicht; denn ich tue nicht,

was ich will, sondern was ich hasse, das übe ich aus.«
(Römer 7,14–15)

Alles, was ich zu tun versuche, um mich zu ändern, führt zu nichts und kann zu nichts führen, ganz einfach deswegen, weil dies nicht der Weg Gottes ist. Ich kann täglich stundenlang Yoga betreiben, nach Indien gehen, mit Meistern arbeiten, die Befreiung der Kundalini verwirklichen, meinen Körper verlassen und in die astralen Regionen gehen, mit den Toten verkehren und alle okkulten Kräfte erwerben, welche mir die gefallenen Geister vermitteln – das nützt mir nichts und verändert meine Natur nicht. Sie ist aus dem Fleische geboren, sie bleibt also Fleisch, und mein Herz hat sich nicht geändert. Ich kann versuchen, meine Probleme zu vergessen, das bringt ebensowenig, und der Herr ist nach wie vor sehr weit weg . . .

Aber wenn ich wirklich die Wahrheit suche, werde ich eines Tages erkennen müssen, daß »die Gesinnung des Fleisches Feindschaft wider Gott ist; denn sie ist dem Gesetz Gottes nicht untertan, sie kann es auch nicht. Die aber im Fleische sind, vermögen Gott nicht zu gefallen« (Römer 8,7–8).

Das ist eine schreckliche Feststellung, aber für diejenigen, die hoffen, befreit zu werden, ist sie der alleinige Ausgangspunkt: Ich kann mich nicht von der Sünde trennen, weil ich an die Sünde verkauft bin. Ich bin ihr Sklave.

Um uns dies besser klarzumachen, wollen wir zusammen das Gesetz Gottes lesen, um seine Forderungen kennenzulernen und zu sehen, wie wir ihnen entsprechen können.

Gott sagt: »Ich bin der Herr, dein Gott, der ich dich aus Ägyptenland, aus dem Diensthause, geführt habe.
Du sollst *keine andern Götter neben mir haben!*
Du sollst dir *kein Bildnis* noch irgendein Gleichnis machen, weder dessen, das oben im Himmel, noch dessen, das unten auf Erden, noch dessen, das in den Wassern, unterhalb der Erde ist. Bete sie nicht an und diene ihnen nicht; denn ich, der HERR, dein Gott, bin ein eifriger Gott, der da heimsucht der Väter Missetat an den Kindern bis in das dritte und vierte Glied derer, die mich hassen, und tue Barmherzigkeit an vielen Tausenden, die mich lieben und meine Gebote halten.
Du sollst den *Namen* des HERRN, deines Gottes *nicht mißbrauchen*; denn der HERR wird den nicht ungestraft lassen, der seinen Namen mißbraucht!
Gedenke des *Sabbattages*, daß du ihn heiligst! Sechs Tage sollst du arbeiten und alle deine Werke verrichten; aber am siebenten Tag ist der Sabbat des HERRN, deines Gottes; da sollst du kein Werk tun; weder du, noch dein Sohn, noch deine Tochter, noch dein Knecht, noch deine Magd, noch dein Vieh, noch dein Fremdling, der in deinen Toren ist. Denn in sechs Tagen hat der HERR Himmel und Erde gemacht, und das Meer und alles, was darinnen ist, und ruhte am sieben-

ten Tag; darum segnete der HERR den Sabbattag und heiligte ihn.
Du sollst *deinen Vater und deine Mutter ehren*, auf daß du lange lebest im Lande, das dir der HERR, dein Gott, geben wird!
Du sollst *nicht töten*!
Du sollst *nicht ehebrechen*!
Du sollst *nicht stehlen*!
Du sollst *kein falsches Zeugnis* reden wider deinen Nächsten!
Laß dich nicht gelüsten deines Nächsten Hauses! Laß dich nicht gelüsten deines Nächsten Weibes, noch seines Knechtes, noch seiner Magd, noch seines Ochsen, noch seines Esels, noch alles dessen, was dein Nächster hat!« (2.Mose 20,2–17)

Wenn ich dieses Gesetz lese, weiß ich für mich, daß ich es nicht erfüllen kann. Es ist nichts in mir, das Gefallen findet an solchen Forderungen. Im Gegenteil, ich empfinde: »Überaus trügerisch ist das Herz und bösartig« (Jeremia 17,9). Ich fühle mein Elend und meine Unfähigkeit, Gott angenehm zu sein. Wenn ich aufrichtig bin, weiß ich, daß es nicht nur ein paar Fehler sind, die ich begangen habe, oder einige Irrtümer, sondern daß es mein ganzes Wesen ist, welches sich dem Gesetz Gottes nicht unterordnet: trotz meiner Anstrengungen kann ich nicht . . .

Nun aber hat auch Jesus erklärt: »Ihr sollt nicht wähnen, daß ich gekommen sei, das Gesetz oder die Propheten

aufzulösen! Ich bin nicht gekommen aufzulösen, sondern zu erfüllen. Denn wahrlich, ich sage euch, bis daß Himmel und Erde vergangen sind, wird nicht ein Jota noch ein einziges Strichlein vom Gesetz vergehen, bis alles geschehen ist. Wer nun eines von diesen kleinsten Geboten auflöst und die Leute also lehrt, der wird der Kleinste heißen im Himmelreich, wer sie aber tut und lehrt, der wird groß heißen im Himmelreich. Denn ich sage euch: Wenn eure Gerechtigkeit die der Schriftgelehrten und Pharisäer nicht weit übertrifft, so werdet ihr gar nicht in das Himmelreich eingehen!
Ihr habt gehört, daß zu den Alten gesagt ist: ›Du sollst nicht töten'; wer aber tötet, der wird dem Gericht verfallen sein. Ich aber sage euch: Jeder, der seinem Bruder zürnt, wird dem Gericht verfallen sein. Wer aber zu seinem Bruder sagt: Raka [Nichtsnutz]! der wird dem Hohen Rat verfallen sein. Wer aber sagt: Du Narr! der wird dem höllischen Feuer verfallen sein.« (Matthäus 5,17–22)

Und weiter: »Ihr habt gehört, daß zu den Alten gesagt ist: ›Du sollst *nicht ehebrechen*!‹ Ich aber sage euch: Wer ein Weib ansieht, ihrer zu begehren, der hat in seinem Herzen schon Ehebruch mit ihr begangen. Wenn dir aber dein rechtes Auge ein Anstoß zur Sünde wird, so reiß es aus und wirf es von dir. Denn es ist besser für dich, daß eins deiner Glieder verloren gehe, als daß dein ganzer Leib in die Hölle geworfen werde. Und wenn deine rechte Hand für dich ein Anstoß zur Sünde wird, so haue sie ab und wirf sie von dir. Denn es ist besser für dich, daß eins deiner Glieder verloren gehe, als daß dein ganzer Leib in die Hölle geworfen werde.« (Matthäus 5,27–30)

»Ihr habt gehört, daß gesagt ist: ›Auge um Auge und Zahn um Zahn!‹ Ich aber sage euch: *Ihr sollt dem Bösen nicht widerstehen*; sondern wenn dich jemand auf deinen rechten Backen schlägt, so biete ihm auch den andern dar; und wer mit dir rechten und deinen Rock nehmen will, dem laß auch den Mantel; und wenn dich jemand eine Meile weit zu gehen nötigt, so gehe mit ihm zwei. Gib dem, der dich bittet, und wende dich nicht ab von dem, der von dir borgen will. – Ihr habt gehört, daß gesagt ist: ›Du sollst deinen Nächsten lieben und deinen Feind hassen!‹ Ich aber sage euch: *Liebet eure Feinde*, segnet, die euch fluchen, tut wohl denen, die euch hassen, und bittet für die, so euch beleidigen und verfolgen; auf daß ihr Kinder eures Vaters im Himmel seid. Denn er läßt seine Sonne aufgehen über Böse und Gute und läßt regnen über Gerechte und Ungerechte. Denn wenn ihr die liebt, die euch lieben, was habt ihr für einen Lohn? Tun nicht die Zöllner dasselbe? Und wenn ihr nur eure Brüder grüßt, was tut ihr Besonderes? Tun nicht auch die Heiden ebenso? Darum sollt ihr vollkommen sein, gleichwie euer himmlischer Vater vollkommen ist!« (Matthäus 5,38–48)

Wir könnten daran verzweifeln, eines Tages Frieden zu finden, wenn Jesus nicht auch hinzugefügt hätte:

»*Bittet*, so wird euch gegeben; suchet, so werdet ihr finden; klopfet an, so wird euch aufgetan! Denn jeder, der bittet, empfängt; und wer sucht, der findet; und wer anklopft, dem wird aufgetan.« (Matthäus 7,7–8)

Jedenfalls muß man erkennen, daß es nicht möglich ist, sich dem Herrn durch eigene Gerechtigkeit zu nähern. Denn alles, was die Frucht unserer eigenen Rechtfertigung ist, kommt von unserem Fleisch. Deshalb steht geschrieben: »Wir wissen aber, daß das Gesetz alles, was es spricht, denen sagt, die unter dem Gesetze sind, auf daß jeder Mund verstopft werde und alle Welt vor Gott schuldig sei, weil aus Gesetzeswerken kein Fleisch vor ihm gerechtfertigt werden kann; denn durch das Gesetz kommt [nur] Erkenntnis der Sünde.« (Römer 3,19–20)

Es besteht also keine Möglichkeit für den Menschen, Gott durch irgendein Werk oder irgendeine Anstrengung näherzukommen. Darum konnte Jesus sagen: »Wenn jemand nicht von neuem geboren wird, so kann er das Reich Gottes nicht sehen!« (Johannes 3,3)

Nur durch ein Eingreifen Gottes wird es möglich, daß der Mensch das wahre Leben empfängt. Für Gott ist der Mensch seit dem Sündenfall tot. Seit Jesus Christus kann er wieder zum Leben kommen. Aber das Problem des Fleisches und der Sünde muß geregelt werden; denn kein Mensch wird in dem Zustand, in dem er sich von Geburt befindet, in das Reich Gottes gelangen. Das

Fleisch muß sterben. Es gibt keine andere Lösung. Wenn Gott mir seinen Geist gibt, dann kann ich wieder zum Leben gelangen, indem ich in sein göttliches Licht komme. Nach seiner Feststellung: »Was aus dem Fleische geboren ist, das ist Fleisch« sagt Jesus: »Und was aus dem Geiste geboren ist, das ist Geist.« (Johannes 3,6)

Dem Herrn sei Dank, der für die Rettung aller Menschen gesorgt hat durch Jesus, seinen Sohn; »denn des Menschen Sohn ist gekommen, zu suchen und zu retten, was verloren ist« (Lukas 19,10).

»Ihr waret tot durch eure Übertretungen und Sünden, in welchen ihr einst wandeltet nach dem Lauf dieser Welt, nach dem Fürsten, der in der Luft herrscht, dem Geiste, der jetzt in den Kindern des Unglaubens wirkt, unter welchen auch wir alle einst einhergingen in den Lüsten unsres Fleisches, indem wir den Willen des Fleisches und der Gedanken taten; und wir waren Kinder des Zorns von Natur, gleichwie die andern. Gott aber, der da reich ist an Erbarmen, hat durch seine große Liebe, womit er uns liebte, auch uns, die wir tot waren durch die Sünden, samt Christus lebendig gemacht – aus Gnaden seid ihr gerettet.« (Epheser 2,1–5)

Wir wollen jetzt sehen, wie der Weg aussieht, den Gott den Menschen öffnet, und zwar anhand der Geschichte von Kain und Abel, die uns im 1.Buch Mose berichtet wird.

5 Das Opfer Gottes

»Adam erkannte sein Weib Eva: sie aber empfing und gebar den Kain. Und sie sprach: Ich habe einen Mann bekommen mit der Hilfe des HERRN! Und weiter gebar sie seinen Bruder Abel. Und Abel ward ein Schäfer, Kain aber ein Ackersmann. Es begab sich aber nach Verfluß von Jahren, daß Kain dem HERRN ein Opfer brachte von den Früchten der Erde. Und Abel, auch er brachte [dar] von den Erstgeborenen seiner Schafe und von ihren Fettesten. Und der HERR sah an Abel und sein Opfer; aber Kain und sein Opfer sah er gar nicht an. Da ergrimmte Kain sehr und ließ den Kopf hängen. Da sprach der HERR zu Kain: Warum bist du so zornig und lässest den Kopf hängen? Ist's nicht also: Wenn du gut bist, so darfst du dein Haupt erheben? Bist du aber nicht gut, so lauert die Sünde vor der Tür, und ihre Begierde ist auf dich gerichtet; du aber herrsche über sie! Da redete Kain mit seinem Bruder Abel. Es begab sich aber, als sie auf dem Felde waren, da erhob sich Kain wider seinen Bruder Abel und schlug ihn tot.« (1.Mose 4,1–8)

Die Bibel sagt uns, daß Kain seinen Bruder tötete, »weil seine Werke böse waren, die seines Bruders aber gerecht« (1.Johannes 3,12). Und weiter: »Durch Glauben brachte Abel Gott ein größeres Opfer dar als Kain; durch ihn erhielt er das Zeugnis, daß er gerecht sei, indem Gott über seine Gaben Zeugnis ablegte, und durch ihn redet er noch, wiewohl er gestorben ist.« (Hebräer 11,4)

Warum war Abels Opfer besser als Kains? Weil er sein Opfer im Glauben darbrachte, und aufgrund dieses Glaubens wurde er für gerecht erklärt. Kain vergaß, als er die Früchte des Bodens darbrachte, daß die Erde seit dem Sündenfall verflucht ist. Ihr hatte er durch seine Arbeit seine Opfergaben abgewonnen. Gott hatte zum Mann gesagt: »Dieweil du gehorcht hast der Stimme deines Weibes und von dem Baum gegessen, davon ich dir gebot und sprach: ›Du sollst nicht davon essen‹, verflucht sei der Erdboden um deinetwillen, mit Mühe sollst du dich davon nähren dein Leben lang; Dornen und Disteln soll er dir tragen, und du sollst das Gewächs des Feldes essen. Im Schweiße deines Angesichtes sollst du dein Brot essen, bis daß du wieder zur Erde kehrst, von der du genommen bist; denn du bist Staub und kehrst wieder zum Staub zurück!« (1.Mose 3,17–19)

Hier ist also das Problem: Kann ich Gott eine Frucht darbringen von etwas, worauf der Fluch liegt? Kann ich ihm die Anstrengungen meiner gefallenen und verurteilten Natur darbringen?

Gott kann solche Gaben nicht annehmen. Was verurteilt ist, ist verurteilt, und »ich bin fleischlich und unter die Sünde verkauft«. Es gibt nichts Gutes in mir, und nichts, was ich aus mir tun kann, ist gut.

Im Gegensatz dazu nimmt Gott das Opfer Abels an; er hatte nämlich verstanden, daß er von sich selbst nichts bringen konnte. Durch den Glauben erkannte er, daß er in einer verfluchten Welt lebte und daß er selbst unter der Herrschaft der Sünde stand. Er nahm seine Verurteilung und die Tatsache an, daß er den Tod verdiente. Er hatte verstanden, daß Gott nicht seinen Tod wollte, sondern ihn zu retten suchte. Er brachte Gott als Opfer von den Erstlingen seiner Herde dar, weil er wußte, daß der Lohn der Sünde der Tod ist; er erkannte, daß Gott den Tod eines anderen anstelle des Schuldigen annimmt, d.h. den Tod eines Stellvertreters.

Hier ist das Bild auf den hin, der genannt wird »*das Lamm Gottes, welches die Sünde der Welt hinwegnimmt*« (Johannes 1,29), und auf den sich auch das Wort bezieht: »Ihr seid nicht mit vergänglichen Dingen, mit Silber oder Gold, *losgekauft* worden von eurem eitlen, von den Vätern überlieferten Wandel, sondern mit dem *kostbaren Blute Christi*, als eines unschuldigen und unbefleckten Lammes« (1.Petrus 1,18–19). Die Bibel sagt auch: »Ohne Blutvergießen geschieht keine

Vergebung.« (Hebräer 9,22) Durch diese Worte enthüllt sie uns ein ewiges Geheimnis, nach dessen Lösung viele Menschen gesucht haben, um Frieden zu erlangen. Nur wer aufrichtig Rechenschaft vor seinem Gewissen ablegt, wird sagen: Herr, ich kann dir nichts bringen, denn ich habe nur den Tod verdient, aber, Herr, rette mich!

O Freund, wenn du das fassen könntest, würden dir alle Praktiken der Welt wert- und nutzlos erscheinen. Man weist das Opfer Jesu zurück, wenn man sich Gott durch ein anderes Mittel nähern will. Es gibt keinen anderen Weg. Jesus hat gesagt: »Ich bin der Weg und die Wahrheit und das Leben . . .« (Johannes 14,6)

Siehst du, »das hat Gott getan, nämlich die Sünde im Fleische verdammt, indem er seinen Sohn sandte in der Ähnlichkeit des sündlichen Fleisches« (Römer 8,3). Freue dich also! Dort, wo du sterben müßtest, ist Jesus in den Tod gegangen, an deiner Stelle. Dort, wo du verdammt wärst, hat er die Verdammnis erlitten, für dich; denn »Gott war in Christus und versöhnte die Welt mit sich selbst, indem er ihnen ihre Sünden nicht zurechnete und das Wort der Versöhnung in uns legte« (2.Korinther 5,19).

»Wir gingen alle in der Irre wie Schafe, ein jeder wandte sich auf seinen Weg; aber der HERR warf unser aller Schuld auf ihn.« (Jesaja 53,6)

Seit der Mensch gefallen ist, hat er unaufhörlich nach Möglichkeiten gesucht, Gott etwas zu opfern. Die ganze Menschheit bringt falschen Göttern aus Stein und Holz Opfer dar. Aber hat der Mensch Gott erkannt?

Der Apostel Paulus sagte zu den Bewohnern von Athen: »Als ich umherging und eure Heiligtümer besichtigte, fand ich auch einen Altar, an welchem geschrieben stand: ›Dem unbekannten Gott.‹ Was ihr nun verehrt, ohne es zu kennen, das verkündige ich euch. Der Gott, der die Welt gemacht hat und alles, was darin ist, er, der Herr des Himmels und der Erde, wohnt nicht in Tempeln von Händen gemacht; ihm wird auch nicht von Menschenhänden gedient, als ob er etwas bedürfte, da er ja selbst allen Leben und Odem und alles gibt. Und er hat aus *einem* Blut das ganze Menschengeschlecht gemacht, daß es auf dem ganzen Erdboden wohne, und hat im voraus die Zeiten und die Grenzen ihres Wohnens bestimmt, daß sie den Herrn suchen sollten, ob sie ihn wohl spüren und finden möchten, da er ja nicht ferne ist von einem jeglichen unter uns; denn in ihm leben, weben und sind wir, wie auch einige von euren Dichtern gesagt haben: ›Wir sind auch seines Geschlechts.‹ Da wir nun göttlichen Geschlechts sind, sollen wir nicht meinen, die Gottheit sei dem Golde oder Silber oder Stein, einem Gebilde menschlicher Kunst und Erfindung gleich. Nun hat zwar Gott die Zeiten der Unwissenheit übersehen, jetzt aber gebietet er allen Menschen allenthalben, Buße zu tun, weil er einen Tag festgesetzt hat, an welchem er den Erdkreis mit Gerechtigkeit richten wird durch einen Mann, den er dazu bestimmt hat und den er für jedermann dadurch beglaubigte, daß er ihn von den Toten auferweckt hat.« (Apostelgeschichte 17,23–31)

Jesus, der Sohn Gottes, ist an einem Kreuz gestorben und in ein Grab gelegt worden. Aber zwei Tage danach, als einige Frauen kamen, um seinen Leib einzubalsamieren, sagte ihnen ein Engel: »Was suchet ihr den Lebenden bei den Toten? Er ist nicht hier, sondern er ist auferstanden!« (Lukas 24,5–6)

6 Wer ist Jesus?

»Im Anfang war das Wort, und das Wort war bei Gott, und das Wort war Gott. Dieses war im Anfang bei Gott. Alles ist durch dasselbe entstanden; und ohne dasselbe ist auch nicht eines entstanden, was entstanden ist. In ihm war das Leben, und das Leben war das Licht der Menschen. Und das Licht leuchtet in der Finsternis, und die Finsternis hat es nicht begriffen. . . . Er kam in sein Eigentum, und die Seinen nahmen ihn nicht auf. Allen denen aber, die ihn aufnahmen, gab er Vollmacht, Gottes Kinder zu werden, denen, die an seinen Namen glauben; welche nicht aus dem Geblüt, noch aus dem Willen des Fleisches, noch aus dem Willen des Mannes, sondern aus Gott geboren sind.

Und das Wort ward Fleisch und wohnte unter uns; und wir sahen seine Herrlichkeit, eine Herrlichkeit als des Eingeborenen [d.h. als eines einzigen Sohnes] vom Vater, voller Gnade und Wahrheit. . . . Denn das Gesetz wurde durch Mose gegeben; die Gnade und die Wahrheit ist durch Jesus Christus geworden. Niemand hat Gott je gesehen; der eingeborene Sohn, der im

Schoße des Vaters ist, der hat uns Aufschluß über ihn gegeben.« (Johannes 1,1–5. 11–14. 16–18)

Am Anfang war Jesus schon da. Er war mit Gott, und er war Gott. Jesus lebt von aller Ewigkeit an. Er ist nie erschaffen worden. Er ist derjenige, durch den alle Dinge gemacht worden sind, und nichts von dem, was existiert, ist ohne ihn zustande gekommen.

»[Jesus Christus ist] das Ebenbild des unsichtbaren Gottes, der Erstgeborene aller Kreatur. Denn in ihm ist alles erschaffen worden, was im Himmel und was auf Erden ist, das Sichtbare und das Unsichtbare, seien es Throne oder Herrschaften oder Fürstentümer oder Gewalten: alles ist durch ihn und für ihn geschaffen; und er ist vor allem, und alles besteht in ihm. Und er ist das Haupt des Leibes, [nämlich] der Gemeinde, er, der der Anfang ist, der Erstgeborene aus den Toten, damit er in allem der Erste sei. Denn es gefiel [Gott], daß in ihm alle Fülle wohnen sollte und alles durch ihn versöhnt würde zu ihm selbst – dadurch daß er Frieden machte durch das Blut seines Kreuzes – durch ihn, sowohl was im Himmel, als auch was auf Erden ist.« (Kolosser 1,15–20)

Wie höchst erstaunlich, den Sohn Gottes den Himmel verlassen zu sehen, um mitten unter die Menschen zu kommen und ihnen die Botschaft des Lebens zu bringen. Später sagte Jesus zu seinem Vater: »Und nun verherrliche du mich, Vater, bei dir selbst mit der

Herrlichkeit, die ich bei dir hatte, ehe die Welt war.« (Johannes 17,5) Er kam in die Welt mit einem Auftrag, und diese Mission war entscheidend und einzigartig, denn Gott hatte in den vergangenen Zeiten »Opfer und Gaben ... nicht gewollt; ... Brandopfer und Sündopfer gefallen dir nicht« (Hebräer 10,5-6). Nichts von dem, was die Menschen Gott opfern konnten, war angenommen worden. Es war absolut notwendig, daß Jesus kam, die Menschen zu erlösen. Nur das Opfer Jesu war annehmbar. Zudem hatte er einen Sieg zu erringen, denn dort, wo der erste Mensch gefehlt hatte, mußte er siegen. Der erste Mensch hatte die Menschheit in die Sünde gestürzt. Jesus sollte die leidende Menschheit wieder zurechtbringen, und diejenigen, die an ihn glauben würden, sollten gerettet werden.

Nachdem Gott seinen Sohn in die Welt gesandt hatte, sagte er von ihm: »Dies ist mein lieber Sohn, an dem ich Wohlgefallen habe!« (Matthäus 3,17) Man kann sich fragen, warum Gott den Menschen nicht vom Himmel herab retten konnte und warum er gezwungen war, Mensch zu werden ... Nun, gerade deshalb, weil *wir* Menschen sind!

Der Mensch ist gefallen; es bedurfte eines Menschen, um ihn wiederherzustellen. »Da nun die Kinder Fleisch und Blut gemeinsam haben, ist er in ähnlicher Weise dessen teilhaftig geworden, damit er durch den Tod *den* außer Wirksamkeit setzte, der des Todes Gewalt hat, nämlich den Teufel ...« (Hebräer 2,14) Als Jesus auf die Erde kam, offenbarte er, daß der Teufel der Fürst dieser Welt der Finsternis ist und durch seine Arglist die ganze Menschheit gefangen hält.

Wenn böse Geister sich Jesus gegenüber sahen, schrien sie: »Was haben wir mit dir zu schaffen, Jesus von Nazareth? Bist du gekommen, uns zu verderben?« (Markus 1,24) Jesus befahl den unreinen Geistern, aus den Männern und Frauen, die sie gebunden hielten, auszufahren, und sie verließen sie und fuhren in den Abgrund, um dort das Gericht zu erwarten, »das ewige Feuer, das bereitet ist dem Teufel und seinen Engeln« (Matthäus 25,41). Kein Geist konnte vor Jesus bestehen. »Jesus von Nazareth, den Gott mit heiligem Geist und Kraft gesalbt hat, zog umher, indem er wohltat und alle heilte, die vom Teufel überwältigt waren; denn Gott war mit ihm.« (Apostelgeschichte 10,38) Die Leute, die diese Taten sahen, freuten sich, und ihr Lobpreis stieg zu Gott auf, der all dies lange Zeit vorher angekündigt hatte durch den Propheten Jesaja: »Darum wird euch der Herr selbst ein Zeichen geben: Siehe, die Jungfrau hat empfangen und wird Mutter eines Sohnes, den sie Immanuel [Gott mit uns] nennen wird.« (Jesaja 7,14)

Sieben Jahrhunderte später sprach der Engel, der vor der Jungfrau erschien, die Jesus zur Welt bringen sollte: »Fürchte dich nicht, Maria! Denn du hast Gnade bei Gott gefunden. Und siehe, du wirst empfangen und einen Sohn gebären; und du sollst ihm den Namen

Jesus geben. Dieser wird groß sein und Sohn des Höchsten genannt werden; und Gott der Herr wird ihm den Thron seines Vaters David geben; und er wird regieren über das Haus Jakobs in Ewigkeit, und seines Reiches wird kein Ende sein.« (Lukas 1,30–33)

Es ist überwältigend, Gottes Wege zu erkennen, aber das Herz des Menschen, das so ungläubig ist, hat Mühe zu glauben, was Gott sagt. Jesaja hatte auch angekündigt: »... und man nennt ihn: Wunderbar, Rat, starker Gott, Ewigvater, Friedefürst.« (Jesaja 9,5) Doch angesichts der Gleichgültigkeit und Bosheit der Menschen um ihn herum und im Vorausschauen der Leiden des verworfenen Gottesknechtes rief er aus: »Wer hat dem geglaubt, was uns verkündigt ward, und der Arm des HERRN, wem ward er geoffenbart? Er wuchs auf vor ihm wie ein Schoß, wie ein Wurzelsproß aus dürrem Erdreich. Er hatte keine Gestalt und keine Pracht; wir sahen ihn, – aber sein Anblick gefiel uns nicht. Verachtet war er und verlassen von den Menschen, ein Mann der Schmerzen und mit Krankheit vertraut; wie einer, vor dem man das Angesicht verbirgt, so verachtet war er, und wir achteten seiner nicht. Doch wahrlich, unsere Krankheit trug er, und unsere Schmerzen lud er auf sich; wir aber hielten ihn für bestraft, von Gott geschlagen und geplagt; aber er wurde durchbohrt um unserer Übertretung willen, zerschlagen wegen unserer Missetat; die Strafe, uns zum Frieden, lag auf ihm, und durch seine Wunden sind wir geheilt. Wir gingen alle in der Irre wie Schafe, ein jeder wandte sich auf seinen Weg;

aber der HERR warf unser aller Schuld auf ihn. Da er mißhandelt ward, beugte er sich und tat seinen Mund nicht auf, wie ein Lamm, das zur Schlachtbank geführt wird, und wie ein Schaf, das vor seinem Scherer verstummt und seinen Mund nicht auftut. Infolge von [bzw. aus] Drangsal und Gericht wurde er weggenommen; wer bedachte aber zu seiner Zeit, daß er aus dem Lande der Lebendigen weggerissen, wegen der Übertretung meines Volkes geschlagen ward? Und man gab ihm bei Gottlosen sein Grab und bei einem Reichen seine Gruft, obwohl er kein Unrecht getan hatte und kein Betrug in seinem Munde gewesen war. Aber dem HERRN gefiel es, ihn zu zerschlagen, er ließ ihn leiden. Wenn er seine Seele zum Schuldopfer gegeben hat, so wird er Nachkommen sehen und lange leben; und des HERRN Vorhaben wird in seiner Hand gelingen. An der Arbeit seiner Seele wird er sich satt sehen; durch seine Erkenntnis wird er, mein Knecht, der Gerechte, viele gerecht machen, und ihre Schulden wird er auf sich nehmen. Darum will ich ihm unter den Großen seinen Anteil geben, und er soll Starke zum Raube erhalten, dafür, daß er seine Seele dem Tode preisgegeben hat und sich unter die Übeltäter zählen ließ und die Sünden vieler getragen und für die Übeltäter gebetet hat!« (Jesaja 53,1–12)

Angesichts der Härte der Menschen mußte Gott feststellen, daß »des Menschen Bosheit sehr groß war auf Erden und alles Gebilde der Gedanken seines Herzens nur böse allezeit« (1.Mose 6,5) und daß »alle abgewichen und allesamt verdorben« sind (Psalm 14,3). Aber Jesus hat sich für die Schuldigen verwandt, er hat für die gesprochen, die unter der Herrschaft des Teufels sind. Die Menschen haben ihn zurückgewiesen, beschimpft und gekreuzigt, aber er hat gebetet: »Vater, vergib ihnen . . .« (Lukas 23,34) Er war es, der am Kreuz »die gegen uns bestehende Schuldschrift, welche durch Satzungen uns entgegen war, auslöschte und sie aus der Mitte tat, indem er sie ans Kreuz heftete. Als er so die Herrschaften und Gewalten auszog [entwaffnete], stellte er sie öffentlich an den Pranger und triumphierte über sie an demselben [d.h. am Kreuz]« (Kolosser 2,14–15). Am Kreuz hängend, im Todeskampf sagte er: »Es ist vollbracht.« (Johannes 19,30) In diesem Augenblick trug er die Sünden der ganzen Welt, er trug meine Sünden, er trug deine Sünden. Der Teufel war besiegt durch die Kraft der Liebe Gottes, die in Christus erschienen war, welcher eben anstelle der Menschheit das Sterben durchlitt.

Ich sollte sterben: er stirbt an meiner Stelle. Ich hatte Gott zuwidergehandelt: Gott vergibt mir in seinem Sohn. Ich war verirrt, er läßt mich Sohn werden in seinem Reich. Ich hätte geschlagen werden müssen, aber er ließ sich an meiner Stelle schlagen. Als Jesus gestorben ist, da riß »der Vorhang im Tempel . . . entzwei von oben bis unten, und die Erde erbebte, und die Felsen spalteten sich. Und die Gräber öffneten sich, und viele verstorbene Heilige wurden auferweckt« (Matthäus 27,51–52). Und: »Ihn hat Gott auferweckt, indem er die Bande [oder Wehen] des Todes löste, wie es denn unmöglich war, daß er von ihm festgehalten würde.« (Apostelgeschichte 2,24)

Der Vorhang des Tempels von Jerusalem symbolisierte die Trennung, die zwischen Gott und den Menschen bestand. Der von oben bis unten zerrissene Vorhang zeigte, daß diese Trennung durch Gott selbst aufgehoben wurde und daß es von da an möglich war, durch Jesus Christus zu ihm zu gelangen.

»Als aber Christus kam als ein Hoherpriester der zukünftigen Güter, ist er durch das größere und vollkommenere Zelt, das nicht mit Händen gemacht, d.h. nicht von dieser Schöpfung ist, auch nicht durch das Blut von Böcken und Kälbern, sondern durch sein eigenes Blut ein für allemal in das Heiligtum eingegangen und hat eine ewige Erlösung erfunden. Denn wenn das Blut von Böcken und Stieren und die Besprengung mit der Asche der jungen Kuh die Verunreinigten heiligt zu leiblicher Reinheit, wieviel mehr wird das Blut Christi, der durch ewigen Geist sich selbst als ein tadelloses Opfer Gott dargebracht hat, unser Gewissen reinigen von toten Werken, zu dienen dem lebendigen Gott!« (Hebräer 9,11–14) »Da wir nun, ihr Brüder, kraft des Blutes Jesu Freimütigkeit haben zum Eingang in das Heiligtum, welchen er uns eingeweiht hat als neuen und lebendigen Weg durch den Vorhang hindurch, das heißt, durch sein Fleisch, und einen [so] großen Priester über das Haus Gottes haben, so lasset uns hinzutreten mit wahrhaftigem Herzen, in voller Glaubenszuversicht, durch Besprengung der Herzen los vom bösen Gewissen und gewaschen am Leibe mit reinem Wasser.« (Hebräer 10,19–22)

Dadurch haben wir nun freien Zutritt zu Gott. Jesus führt uns dorthin.

Er ist der gute Hirte, der sein Leben für seine Schafe gegeben hat, und er sagt: »Wahrlich, wahrlich, ich sage euch, wer nicht durch die Tür in den Schafstall hineingeht, sondern anderswo hineinsteigt, der ist ein Dieb und ein Räuber. Wer aber durch die Tür hineingeht, ist der Hirt der Schafe. Diesem tut der Türhüter auf, und die Schafe hören auf seine Stimme, und er ruft seine eigenen Schafe beim Namen und führt sie heraus. Und wenn er seine Schafe alle herausgelassen hat, geht er vor ihnen her; und die Schafe folgen ihm nach, denn sie kennen seine Stimme. Einem Fremden aber folgen sie nicht nach, sondern fliehen vor ihm; denn sie kennen der Fremden Stimme nicht.« (Johannes 10,1–5)

Er sagt uns auch: »*Kommet her zu mir alle, die ihr mühselig und beladen seid, so will ich euch erquicken! Nehmet auf euch mein Joch und lernet von mir; denn ich bin sanftmütig und von Herzen demütig; so werdet ihr Ruhe finden für eure Seelen; denn mein Joch ist sanft und meine Last ist leicht!* (Matthäus 11,28–30)

7 Der Okkultismus und seine Folgen

»Es offenbart sich«, schreibt Paulus, »*Gottes Zorn* vom Himmel her über alle Gottlosigkeit und Ungerechtigkeit der Menschen, welche die Wahrheit durch Ungerechtigkeit aufhalten, weil das von Gott Erkennbare unter ihnen offenbar ist, da Gott es ihnen geoffenbart hat; denn sein unsichtbares Wesen, das ist seine ewige Kraft und Gottheit, wird seit Erschaffung der Welt an den Werken durch Nachdenken wahrgenommen, so daß sie keine Entschuldigung haben. Denn obschon sie Gott erkannten, haben sie ihn doch nicht als Gott gepriesen und ihm nicht gedankt, sondern sind in ihren Gedanken in eitlen Wahn verfallen, und ihr unverständiges Herz wurde verfinstert. Da sie sich für weise hielten, sind sie zu Narren geworden und haben die Herrlichkeit des unvergänglichen Gottes vertauscht mit dem Bild vom vergänglichen Menschen, von Vögeln und vierfüßigen und kriechenden Tieren. Darum hat sie auch Gott dahingegeben in die Gelüste ihrer Herzen, zur Unreinheit, daß sie ihre eigenen Leiber untereinander entehren, sie, welche die Wahrheit Gottes mit der

Lüge vertauschten und dem Geschöpf mehr Ehre und Dienst erwiesen als dem Schöpfer, der da gelobt ist in Ewigkeit. Amen!
Darum hat sie Gott auch dahingegeben in entehrende Leidenschaften. Denn ihre Frauen haben den natürlichen Gebrauch vertauscht mit dem widernatürlichen; gleicherweise haben auch die Männer den natürlichen Verkehr mit der Frau verlassen und sind gegeneinander entbrannt in ihrer Begierde und haben Mann mit Mann Schande getrieben und den verdienten Lohn ihrer Verirrung an sich selbst empfangen. Und gleichwie sie Gott nicht der Anerkennung würdigten, hat Gott auch sie dahingegeben in unwürdigen Sinn, zu verüben, was sich nicht geziemt, als solche, die voll sind von aller Ungerechtigkeit, Schlechtigkeit, Habsucht, Bosheit; voll Neid, Mordlust, Zank, Trug und Tücke, Ohrenbläser, Verleumder, Gottesverächter, Freche, Übermütige, Prahler, erfinderisch im Bösen, den Eltern ungehorsam; unverständig, unbeständig, lieblos, unversöhnlich, unbarmherzig; welche, wiewohl sie das Urteil Gottes kennen, daß die, welche solches verüben, des Todes würdig sind, es nicht nur selbst tun, sondern auch Gefallen haben an denen, die es verüben.« (Römer 1,18–32)

Wir finden in diesem Text das erschreckende Bild jener Welt wieder, die uns umgibt und der wir selbst angehören. Niemand auf dieser Welt besitzt außerhalb des Heils, das Gott uns angeboten hat, vollkommenen Frieden, denn es gibt keinen, der von Sünde frei ist.

Alle haben wir Gott zuwidergehandelt, alle gegen ihn aufbegehrt, und wir stehen alle unter dem gleichen Urteilsspruch: »Der Lohn der Sünde ist der Tod.«

Alles, was dem Menschen widerfährt, all das Mißgeschick und Unglück der Welt kommt daher, daß der Mensch seinen Schöpfer verworfen und sich selbst der Macht des Teufels ausgeliefert hat.

Die gegenwärtige Welt ist voll von Gewalt, Verbrechen, Diebstahl, Ehebruch und sexueller Unreinheit. Alkohol und Drogen richten Verwüstung an, die Musik wird hysterisch und ekelerregend, die Kunst ist dekadent und drückt nur noch Chaos aus. Die Philosophen und Denker errichten nihilistische Systeme, und die Psychologie der Freiheit erlaubt jedem, zu tun, was ihm gefällt. Die Anarchie etabliert sich auf allen Ebenen des sozialen und familiären Lebens und berührt alle Schichten und alle Altersgruppen.

Derweil leidet die Menschheit. Alles, was der Mensch versucht, um vom Leiden wegzukommen, scheitert und hinterläßt einen bitteren Nachgeschmack. All das ist die Folge davon, daß er Gott verworfen hat. Der Mensch versucht, eine Welt zu organisieren, in der Gott keinen Platz hat. Dennoch kann man nur staunen über die Zahl der vorhandenen Religionen und über die vielen Sekten, die allenthalben überhandnehmen. Große religiöse Führer verstören viele Seelen; einige schrecken sogar nicht einmal davor zurück, sich selbst als Gott oder als Christus auszugeben.

Jesus sagt: »Hütet euch vor den falschen Propheten, welche in Schafskleidern zu euch kommen, inwendig aber reißende Wölfe sind.« (Matthäus 7,15) Spiritismus, Hexerei, Magie und Yoga haben niemals soviel Erfolg gehabt wie in unserer Zeit. Der Okkultismus dringt in alle Ebenen des Lebens vor. Man betreibt Yoga in Grund-, Mittel- und Hochschulen; überall läßt man Tische rücken, befragt Medien und Astrologen.

Der Mensch hat Angst. Er versucht, die Zukunft zu erfahren, aber der Himmel ist ihm verschlossen. Dennoch ist »die Hand des HERRN ... nicht zu kurz zum Retten und sein Ohr nicht zu hart zum Hören; sondern eure Schulden sind zu Scheidewänden geworden zwischen euch und eurem Gott, und eure Sünden verbergen sein Angesicht vor euch, daß er euch nicht erhört! Denn eure Hände sind mit Blut befleckt und eure Finger mit Unrecht; eure Lippen reden Lügen, und eure Zunge dichtet Verdrehungen.« (Jesaja 59,1–3) »Darum bleibt das Recht fern von uns, und die Gerechtigkeit erreicht uns nicht. Wir warten auf das Licht, und siehe da, Finsternis, auf den hellen Tag, und wir wandeln in der Dunkelheit! Wir tappen an der Wand wie die Blinden; wir tappen, wie wenn wir keine Augen hätten; wir straucheln am hellen Mittag wie in der Dämmerung; unter Gesunden sind wir wie die Toten.« (Jesaja 59,9–10)

Es war bereits die Rede von Yoga. Nun wollen wir noch einige Folgen dieser Praktik untersuchen und sehen, wie sie uns daran hindern, Gott zu erkennen.

Erinnern wir uns, daß die Technik der Körperhaltungen zum Ziel hat, jene Kundalini-Kraft aufzuwecken, damit sie aufsteigt und nacheinander die Kraftzentren – die Chakras – erleuchtet, die zwischen dem Ende der Wirbelsäule und dem Scheitelpunkt liegen. Sobald das erste Chakra erweckt ist oder auch nur zu erwachen beginnt, übt es eine direkte Wirkung auf das Sexualorgan aus, das sich in diesem Bereich befindet: Eine Überaktivität der sexuellen Energie ist die Folge. In den Schulen des Orients wird das Erwachen dieses Chakras genauestens überwacht, denn es ist furchtbar gefährlich. Man begreift leicht, daß dieses Zentrum, einmal aktiviert, eine sexuelle Kraft freisetzt, die den Yogi völlig aus der Bahn werfen kann.

Beunruhigend ist, daß heute so viele Yoga-Lehrer ahnungslos mit diesen Kräften spielen und sich damit verantwortlich machen für Ausschweifungen und Verirrungen ihrer Schüler. Ich persönlich war, als ich Yoga betrieb, betroffen von der Anzahl der Probleme, denen man in diesen Kreisen im sexuellen und familiären Bereich begegnet. Ich habe praktisch nie jemanden getroffen, der in dieser Beziehung ausgeglichen war. Ich selbst war mehr und mehr Störungen unterworfen, die immer schwieriger zu meistern wurden.

Es gibt übrigens ein sexuelles Yoga, das man Tantra-Yoga nennt, welches eben diese freigesetzte sexuelle Kraft zu nutzen versucht, um sie in geistige Energie zu verwandeln! Wir werden nicht im Detail auf dieses Yoga eingehen und erwähnen lediglich, daß zu seiner Ausführung zwei Yogis nötig sind: ein Mann und eine Frau.

Es ist auch nützlich zu wissen, daß nach demselben Prinzip durch das Erwachen der anderen Chakras andere Teile unseres Körpers berührt werden: Verdauungsorgane, Herz, Lunge, Kehle, Gehirn.

Im Bereich des Bewußtseins führt das Yoga schließlich zur Verzweiflung, denn trotz aller Versprechungen der Befreiung ist der wirkliche Friede unerreichbar. Durch die Konzentration auf sich selbst hat man das Seins-Verlangen vergöttert, aber da unsere Natur sich ja nicht verändert hat, gerät man völlig in die Sackgasse. Es ergibt sich ein Ungleichgewicht zwischen Körper und Geist. An dieser Stelle ist zu erwähnen, daß es zwei grundlegende Arten von Yoga gibt: das Hatha-Yoga, das sich vornehmlich mit dem Körper beschäftigt, und das Raja-Yoga, das den Geist betrifft. Die beiden sind verbunden, das eine führt zum andern hin. Sobald der Körper durch das Üben der Haltungen beherrscht wird, unternehmen die bösen Geister alle Anstrengungen, das Denken des Yogi an sich zu reißen, mit dem Ziel, ihn völlig zu besitzen.

Wie wir bereits gesagt haben, ist die Praktik des leeren Geistes außerordentlich gefährlich. Sobald nämlich der Yogi diesen Punkt erreicht, ist sein Wille vollkommen ausgeschaltet. So dringen Geister in den Geist des Menschen ein und unterwerfen ihn ihrer diabolischen Herrschaft. In diesem Fall wird der Yogi in eine fortschreitende psychische Entgleisung hineingerissen, die ihn bis in den Wahnsinn treiben kann.

Auf diesem ganzen Weg hat sich ein Mensch den Geistern ausgeliefert, die sich für Götter ausgaben, und sein Herz hat sich zu Götzendienst verführen lassen.

Wenn gewisse moderne Schulen ein sogenanntes »integrales Yoga« anpreisen, das sich nicht notwendigerweise der Körperhaltungen des Hatha-Yoga bedient, so entwickeln sie doch dieselbe geistige Haltung, und ihre Anhänger werden denselben okkulten Mächten unterworfen.

Am Kreuz hat Jesus alle diese Mächte der Finsternis besiegt. Durch das Kreuz macht er jeden frei, der zu ihm kommt, um befreit zu werden. Vor der Kraft des Blutes fliehen die Dämonen.

Ein anderer Punkt, der das Yoga, die Kampfeskünste und das Zen betrifft, ist »der Gruß an die Sonne« und »der Gruß an den Dojo«. Ein Yoga-Kurs beginnt im allgemeinen mit dem Gruß an die Sonne, der aus einer Reihe von Haltungen besteht, die von einer bestimmten Atmung und von geistiger Konzentration auf verschiedene Punkte des Körpers begleitet werden. Um ihn auszuführen, muß man im allgemeinen der aufgehenden Sonne zugewandt sein. Der Yogi versucht, sich für die Tätigkeit der Sonne und der Sterne zu sensibilisieren, ebenso für alles, was den Bereich des Magnetismus berührt. Er muß sogar die Stellung seines Bettes nach bestimmten kosmischen Strömen ausrichten, und es gibt auch bestimmte Schlafstellungen . . .

All das führt einen dazu, Sklave der Naturkräfte zu werden; derweil ist es doch, wie man weiß, der Mensch, der über die Schöpfung herrschen sollte. Zudem hatte Gott gewarnt: »Bewahret nun eure Seelen wohl . . . Daß du deine Augen auch nicht gen Himmel hebest, und die Sonne und den Mond und die Sterne und das ganze Heer des Himmels beschauest und dich verführen lassest, sie anzubeten und ihnen zu dienen.« (5.Mose 4,15.19)

Das gleiche geschieht beim Judo, beim Karate und beim Zen. Ein Kurs beginnt mit dem Gruß an den »Dojo« – das ist der Teppich und der Trainigsraum – und an den Meister, der darauf sitzt. Dieser Raum ist geheiligt; wer ihn mit Schuhen betritt, begeht einen Frevel. Darüber hinaus befindet sich im allgemeinen an der Wand hinter der Lehrkraft ein Porträt oder ein Foto des großen Meisters.

Mögen die Techniken auch unterschiedlich sein, was die Form anbelangt, so sind das Yoga und die Kampfeskünste doch verwandt durch das Entwickeln einer inneren Kraft, der sich der Praktizierende unterwirft. Wer Judo oder Karate ausübt, muß zu einem inneren Punkt gelangen, den man Stadium des Nicht-Handelns nennt. Das ist der geistige Zustand, der auch von der Zen-Meditation, einem japanischen Zweig des Buddhismus, anempfohlen wird: so glaubt man, aus der Aktion des Lebens heraustreten zu können. Der Anwärter wird da ebenso von einer Kraft fortgerissen, die ihn lenkt und beherrscht – indem sie seinen Machtwillen vergöttert. Während das Yoga gewaltlos ist, sind die Kampfeskünste im Gegensatz dazu sehr gewalttätig. Man nennt sie heute Kampf-»Sport«, aber ursprünglich wurden die Griffe und die Schläge ausgeführt, um schnell und unfehlbar zu töten. Hinter diesen Praktiken verbergen sich Geister der Gewalt, des Hasses und der Zerstörung.

Noch ein Wort im Zusammenhang mit dem Götzendienst: zu den Bildern. Alle Religionen bedienen sich der Bilder und Statuen, um ihre Propheten darzustellen. Und es gibt einen Punkt bezüglich dieser Bilder, auf den ich gern aufmerksam machen möchte: Die Gesichter solcher Propheten sind vom Heiligenschein, der Aureole, umrahmt; man bezeichnet ihn als Aura (Ausstrahlung). Das erste Mal, als ich eine (katholische) Kirche betrat, war ich betroffen von der Ähnlichkeit mit den Tempeln der Buddhisten und Hindus: überall farbige und vergoldete Bilder und Statuen, Weihrauch, Kerzen im Halbdunkel und so weiter. Halten wir eine erstaunliche Tatsache fest, was diese Bilder anbelangt: In Indien stellen sie Buddha, Krischna oder Vischnu oder andere Gottheiten dar; im Abendland stellen sie Christus dar, Maria, die Apostel und die Heiligen. Gemeinsam ist aber allen Darstellungen, daß die Aura nie fehlt. Ob es sich um ein Porträt von Buddha oder von Christus handelt, ihre Aura ist gleich – rund und golden! ... Die Okkultisten sagen, die Farbe Gold sei eine göttliche Eigenschaft, und wer mit dieser Farbe umkleidet sei, komme von Gott.

Aber Gott hat gesagt: »Ich bin der Erste, und ich bin der Letzte, und außer mir ist kein Gott.« (Jesaja 44,6) Und: »Alle Götzenmacher sind nichtig, und ihre Lieblinge nützen nichts; ihre eigenen Zeugen sehen nichts und wissen nichts, so daß sie zuschanden werden.« (Jesaja 44,9)

Höchst bemerkenswert ist, was Gott über seine eigene Herrlichkeit sagt: »Ich bin der HERR, das ist mein Name; und ich will meine Ehre keinem andern geben, noch meinen Ruhm den Götzen!« (Jesaja 42,8) Was Gottesdarstellungen anbelangt, sagte er: »So bewahret nun eure Seelen wohl, weil ihr keine Gestalt gesehen habt an dem Tage, als der HERR aus dem Feuer heraus mit euch redete auf dem Berge Horeb; daß ihr nicht verderblich handelt und euch irgendein gemeißeltes Bild machet, irgendeine männliche oder weibliche Figur, oder das Bild irgendeines Viehes, das auf Erden ist, oder eines Vogels, der am Himmel fliegt, oder das

Bild eines Reptils, das auf dem Erdboden kriecht, oder der Fische, die im Wasser unter der Erde sind.« (5.Mose 4,15–18)

Von woher kommt also der Anspruch auf »Herrlichkeit« mittels jenes Glorienscheins, den man auf den Bildern darstellt? Da er ja nicht von Gott kommt, muß er von dem kommen, über den geschrieben steht: »Der Satan selbst verkleidet sich in einen Engel des Lichts.« (2.Korinther 11,14)

Zudem hat Gott dem Menschen nichts anderes zu sehen gegeben als das, was er natürlicherweise sieht. Nur eine okkulte Praktik ermöglicht es, sich die Fähigkeit anzueignen, die Auren sichtbar zu machen. Unser Blick ist dann durch die Gegenwart unreiner Geister beschmutzt, und unser Verstehen wird verdorben durch das, was wir sehen. Diese Fähigkeit hat zum Ziel, den Menschen Dinge sehen zu lassen, die der Welt der Finsternis angehören, und ihm Umgang mit Dämonen zu verschaffen.

Ich selbst hatte die Macht erworben, die Auren über den Menschen sichtbar werden zu lassen. Eine äußerst gefährliche Macht, weil sie sich auf die Personen auswirkt, denen wir begegnen. Da ich selbst beschmutzt war, beschmutzte ich auch die anderen und zog sie in den Götzendienst hinein. Es gibt dafür ein Chakra, das direkt bei den Augen liegt, und die Technik des Yoga erweckt es ziemlich schnell.

Oh, wie tief ist meine Dankbarkeit gegenüber Jesus Christus: Er hat mich von dieser Fähigkeit befreit; ich kann die Auren nicht mehr sehen, und er hat meinen Blick gereinigt. Ich bitte hier auch diejenigen um Vergebung, die ich durch diese diabolische Fähigkeit beeinflußt habe, und mein Wunsch ist es, daß sie erfahren mögen, daß Jesus vergibt und von der Sünde befreit und daß er allein der Herr ist: »Es ist in keinem andern das Heil; denn es ist auch kein anderer Name unter dem Himmel den Menschen gegeben, in welchem wir sollen gerettet werden!« (Apostelgeschichte 4,12) Als ich zu ihm kam – und erst von diesem Moment an –, habe ich seine Vergebung erfahren und die Ausgeglichenheit, die er gibt. Mit meiner Frau zusammen, die auch selbst zu Jesus Christus gekommen ist, lebe ich seither ein Leben in Klarheit und Harmonie.

Zum Abschluß dieses Kapitels muß mit Nachdruck auf die folgende Tatsache hingewiesen werden: Nur ein Medium kann eine Aura sichtbar machen, und die Maler und Bildhauer der Werke, die wir in den Kirchen sehen, konnten sie nicht mit Gottes Einwilligung schaffen. Hinter ihren Darstellungen verbergen sich böse Geister, die Tausende von Seelen an sich binden und sie zwingen, in einer falschen Beziehung zu Gott zu leben. Jesus hat gesagt: »Gott ist Geist, und die ihn anbeten, müssen ihn im Geist und in der Wahrheit anbeten.« (Johannes 4,24)

All diese Dinge hindern den Menschen daran, zu Gott zu kommen durch sein Wort. Der Teufel hat den Menschen zunächst in die Irre geführt und ihm dann seine betrügerischen Nachahmungen unterbreitet. Er hat falsche Götter aller Arten hervorgebracht, und er verbirgt sich hinter allem, was religiöses Bild oder religiöse Statue ist.

Du, der du diese Zeilen liest, laß dir sagen, daß es einen Weg gibt. Christus ist Sieger über alle diese Kräfte der Verirrung. Du magst dem Götzendienst verfallen sein und dich verurteilt fühlen. Aber Gott liebt dich, weil du eines seiner Geschöpfe bist. Schau auf Jesus. Er ruft dich heute. Alles ist erfüllt zu deinem Heil, und nichts und niemand kann dich daran hindern, zu ihm zu kommen. Nur die Fallen des Teufels könnten dich zurückhalten, wenn du jetzt nicht wüßtest, daß es nur wertlose Kunstgriffe sind. Vor Jesus zittern die Dämonen. Desgleichen sind sie gezwungen, sich von dem zurückzuziehen und den loszulassen, der entschlossen zu Jesus kommt.

Deshalb wollen wir jetzt zusammen den Weg betrachten, der zu Jesus führt. In einem seiner Gebete zum Vater sprach er: »Vater, ich will, daß, wo ich bin, auch die bei mir seien, die du mir gegeben hast, daß sie meine Herrlichkeit sehen, die du mir gegeben hast; denn du hast mich geliebt vor Grundlegung der Welt.« (Johannes 17,24)

8 Wie kommt man zu Jesus?

»Es unternahmen es aber etliche der herumziehenden jüdischen Beschwörer, über denen, welche böse Geister hatten, den Namen des Herrn Jesus zu nennen, indem sie sagten: Ich beschwöre euch bei dem Jesus, welchen Paulus predigt! Es waren aber sieben Söhne eines jüdischen Hohenpriesters Skevas, die solches taten. Aber der böse Geist antwortete und sprach zu ihnen: Jesus kenne ich wohl, und von Paulus weiß ich; wer aber seid ihr? Und der Mensch, in welchem der böse Geist war, sprang auf sie los, überwältigte zwei von ihnen und zeigte ihnen dermaßen seine Kraft, daß sie nackt und verwundet aus jenem Hause entflohen. Das aber wurde allen kund, Juden und Griechen, die zu Ephesus wohnten. Und Furcht befiel sie alle, und der Name des Herrn Jesus wurde hoch gepriesen. Und viele von denen, die gläubig geworden waren, kamen und bekannten und erzählten ihre Taten. Viele aber von denen, die vorwitzige Künste [Zauberkünste] getrieben hatten, trugen die Bücher zusammen und verbrannten sie öffentlich; und sie berechneten ihren Wert und kamen auf fünfzigtausend Silberlinge. So wuchs das

Wort des Herrn mächtig und gewann die Oberhand.« (Apostelgeschichte 19,13–20)

Nach seiner Auferstehung und Himmelfahrt sandte Jesus den Heiligen Geist, den der Vater versprochen hatte, damit diejenigen, die an ihn glauben, die Vergebung ihrer Sünden und ein neues Leben empfangen würden.

Jesus hatte zu seinen Jüngern über den Heiligen Geist gesagt: »Und wenn jener kommt, wird er die Welt überzeugen von Sünde und von Gerechtigkeit und von Gericht; von Sünde, weil sie nicht an mich glauben; von Gerechtigkeit aber, weil ich zum Vater gehe und ihr mich hinfort nicht mehr seht; von Gericht, weil der Fürst dieser Welt gerichtet ist.« (Johannes 16,8–11)

Sobald jemand sein Elend und die auf ihm lastende Verurteilung fühlt und zugibt, daß er schuldig ist vor Gott, ist er bereit, die göttliche Gnade zu empfangen. Gnade ist etwas für Menschen, die zum Tode verurteilt sind. Wir können nichts dazutun, um die Gnade zu erhalten, denn verdient haben wir ja den Tod. Aber Gott gibt uns Gnade und »beweist seine Liebe gegen uns damit, daß Christus für uns gestorben ist, als wir noch Sünder waren« (Römer 5,8).

Die Liebe Gottes ist unermeßlich. Man wird die Leiden Christi, der unsere Sünden an das Kreuz trug, niemals ausreichend ermessen können. Aber so ist die Gnade eine wirkliche Quelle des Heils, lebendiges Wasser, das aus dem Thron Gottes hervorsprudelt. Das Kreuz ist der Ort, an dem der Schmutz der Sünde weggenommen wird, und dorthin lädt Gott dich ein. Jesus hat den Preis bezahlt zur Erlösung deines Lebens. Du warst Sklave der Sünde; du wirst frei, um dem Herrn zu dienen. Der Preis deines Lebens ist das Blut Jesu. Es stimmt, die Pforte des Heils ist eng und der Weg, der zum Leben führt, schmal. Du kannst diese Pforte nicht mit deiner Sünde durchschreiten. Auf der anderen Seite ist das neue Leben, das überfließende Leben, aber dein Herz muß gereinigt sein. Durch die enge Pforte eingehen heißt, sich vor dem Herrn demütigen und anerkennen, daß wir Gottes Gesetz übertreten, Gott zuwidergehandelt und ihn verworfen haben. Die Pforte befindet sich nicht im Himmel, sie befindet sich auf dem Niveau des Menschen. Nicht eine Technik öffnet sie, sondern die Gnade. Dies ist keine besondere Initiation. Kinder können durch sie hindurchgehen. Aber diese Pforte ist niedrig, man muß sich bücken, um hindurchzugehen.

Akzeptierst du, dich zu beugen? Wenn du Gott deine Sünden, deine okkulten Praktiken und dein ganzes vergangenes Leben bekennst und wenn du glaubst, daß Jesus für dich gestorben ist, dann nimmt Gott, der Herr, dich in Jesus auf.

Erinnerst du dich an diesen Satz: »Was aus dem Fleische geboren ist, das ist Fleisch...«? Jesus hatte gleich danach hinzugefügt: »...und was aus dem Geiste geboren ist, das ist Geist.« (Johannes 3,6) Wenn du diese Haltung einnimmst und vor ihm bereust, legt er seinen Geist in dich, damit du wiedergeboren wirst. »Wahrlich, wahrlich, ich sage dir, wenn jemand nicht von neuem geboren wird, so kann er das Reich Gottes nicht sehen!« (Johannes 3,6) Dann wirst du Gott erkennen, und Jesus wird dein Retter und dein Herr sein. Du wirst ein verwandeltes Leben haben, ein Leben, wo du im Licht gehen wirst.

Wenn du Yoga oder Okkultismus praktiziert hast, in welcher Form auch immer, hat der Teufel Rechte über dein Leben. Zu Beginn dieses Kapitels haben wir einen ausreichend klaren Text gelesen: Apostelgeschichte 19,13–20. Verbrenne deine entsprechenden Bücher, deine okkulten Gegenstände und trenne dich im Namen Jesu von diesen Praktiken. Bekenne Gott all diese Dinge und stelle dich unter seinen göttlichen Schutz. Er erhört dein Gebet und befreit dich wirklich. Erinnere dich, daß die Bibel das Wort Gottes ist und daß dich Gott durch dasselbe führen wird. Durch das geschriebene Wort Gottes wissen wir, »daß Jesus der Christus, der Sohn Gottes ist, und daß ihr durch den Glauben Leben habt in seinem Namen« (Johannes 20,31).

Es ist schon spät, und die Nacht ist weit fortgeschritten, aber das Wort des Herrn ist wie »ein Licht, das an einem dunklen Orte scheint, bis der Tag anbricht und der Morgenstern aufgeht in euren Herzen« (2.Petrus 1,19). Der glänzende Morgenstern, das ist Jesus, der Retter,

»gekommen, zu suchen und zu retten, was verloren ist« (Lukas 19,10). Er spricht zu allen, die hören: »Fürchte dich nicht! Ich bin der Erste und der Letzte und der Lebendige; ich war tot, und siehe, ich bin lebendig von Ewigkeit zu Ewigkeit und habe die Schlüssel des Todes und des Totenreichs.« (Offenbarung 1,17–18)

Sei ohne Furcht vor dem, der dich einlädt, in sein Leben einzutreten. Seine Stimme ist sanft, aber sie berührt dein Herz. Man vernimmt sie schwer inmitten des Lärms dieser Welt; halte doch einen Augenblick inne und lausche.

9 Das Problem der menschlichen Natur

Man kann sich nun fragen, wie Gott mit dem Problem des Fleisches und des egozentrischen Lebens fertigwird. Im Fleisch handelte ich Gott zuwider, weil das Fleisch sich nicht dem Gesetz Gottes unterwirft, und jetzt, da ich ihn kenne, lebe ich immer noch in meinem fleischlichen Leib.

»Ich sehe ein anderes Gesetz in meinen Gliedern, das dem Gesetz meiner Vernunft widerstreitet und mich gefangen nimmt in dem Gesetz der Sünde, das in meinen Gliedern ist. Ich elender Mensch! Wer wird mich erlösen von diesem Todesleib?« (Römer 7,23–24)

Es wäre hilfreich, hier die wirkliche Bedeutung jener Taufe zu sehen, von der die Schrift spricht: Sie ist eine Etappe auf dem christlichen Weg. »Tut Buße, und ein jeder von euch lasse sich taufen auf den Namen Jesu Christi zur Vergebung eurer Sünden; so werdet ihr die Gabe des heiligen Geistes empfangen.« (Apostelgeschichte 2,38) Der Apostel Petrus sagt, daß die Taufe »nicht ein Abtun fleischlichen Schmutzes ist, sondern

die an Gott gerichtete Bitte um ein gutes Gewissen«
(1.Petrus 3,21).

Nachdem ich zum Herrn Jesus gekommen bin, muß ich begreifen, daß ich nicht mehr unter dem Gesetz stehe, das mich verurteilte, sondern unter der Gnade Gottes, und daß ich mich somit in den Dienst des Herrn stellen kann. Gott hat mich begnadigt, was die Verurteilung zum Tode anbelangt, unter der ich mich befand, aber nun muß das Gesetz der Sünde in mir aufgehoben werden, und ich muß diesem Gesetz absterben. Aber wie?! mag man ausrufen. Ganz einfach: »Oder wisset ihr nicht, daß wir alle, die wir auf [in] Jesus Christus getauft sind, auf [in] seinen Tod getauft sind? Wir sind also mit ihm begraben worden durch die Taufe auf [in] den Tod, auf daß, gleichwie Christus durch die Herrlichkeit des Vaters von den Toten auferweckt worden ist, so auch wir in einem neuen Leben wandeln.«
(Römer 6,3–4)

Oh, welch eine Freude und welch ein Segen, von der Sünde befreit zu sein! Es ist getan, es ist erfüllt; denn Gott hat mich mit Christus vereinigt, und Gott sieht mich in Christus. Christus ist gestorben? Ich bin mit ihm gestorben. Christus ist auferweckt? Dann bin ich mit ihm auferweckt.

»Denn wenn wir mit ihm verwachsen sind zur Ähnlichkeit seines Todes, so werden wir es auch zu der seiner Auferstehung sein, wissen wir doch, daß unser alter

Mensch mitgekreuzigt worden ist, damit der Leib der Sünde außer Wirksamkeit sei, so daß wir der Sünde nicht mehr dienen; denn wer gestorben ist, der ist von der Sünde losgesprochen. Sind wir aber mit Christus gestorben, so glauben wir, daß wir auch mit ihm leben werden, da wir wissen, daß Christus, von den Toten erweckt, nicht mehr stirbt; der Tod herrscht nicht mehr über ihn; denn was er gestorben ist, das ist er der Sünde gestorben, ein für allemal; was er aber lebt, das lebt er für Gott. Also auch ihr: Haltet euch selbst dafür, daß ihr für die Sünde tot seid, aber für Gott lebet in Christus Jesus, unsrem Herrn!« (Römer 6,5–11)

Zwar lebe ich noch in meinem Körper »des Fleisches«, doch weiß ich, daß das Gesetz, das ihn unerbittlich in den Tod zog, zerbrochen ist und daß ich nicht mehr gezwungen bin, den Begierden und Leidenschaften zu gehorchen, die mich früher regierten. Ein Gesetz ist ein Gesetz, nicht wahr? Das Gesetz der Schwerkraft z.B. bewirkt, daß ein Gegenstand, den man losläßt, zu Boden fällt. Aber wenn dieser Gegenstand nicht mehr dem Gesetz der Schwerkraft unterworfen ist, kann er in die Luft aufsteigen ... Entsprechend hat »das Gesetz des Geistes des Lebens in Christus Jesus ... mich frei gemacht von dem Gesetz der Sünde und des Todes« (Römer 8,2).

In Jesus Christus sind wir unter ein neues Prinzip des Lebens gestellt – das Leben des Geistes. Jesus ist gestorben und auferstanden, er ist in den Himmel aufgefahren. Wer Jesus zum Herrn hat, lenkt deshalb seine Gedanken nach oben, dorthin, wo Jesus ist. Das ist ein neues Gesetz, stärker als jenes, das uns in den Tod zieht, denn Christus ist der Herr und unterwirft sich alle Dinge. So sind wir ihm verbunden, unsere ganze Zuneigung richtet sich auf ihn.

Das Kreuz, an dem er gekreuzigt wurde, wird uns immer teurer, denn dort hat er sein Leben gegeben. Es ist kein Gegenstand des Kultes, auch nicht der Verehrung oder der Bewunderung. Was rettet, ist die geistliche Tatsache, denn Jesus ist aufgefahren zur Rechten Gottes, und von dort aus vertritt er die Sache der Schuldigen. Seine Wunden bezeugen, daß er anstelle der Sünder starb, und sein Platz auf dem Thron Gottes bezeugt, daß er auferstanden ist. Ehre sei dem Herrn!

Jedem ist einsichtig, daß dieser Weg den Wegen des Menschen entgegengesetzt ist – dem Yoga, den Religionen, den Weisheiten dieser Welt, den Wegen des Okkultismus im allgemeinen. »Wo ist der Weise, wo der Schriftgelehrte, wo der Disputiergeist dieser Welt? Hat nicht Gott die Weisheit dieser Welt zur Torheit gemacht? Denn weil die Welt durch ihre Weisheit Gott in seiner Weisheit nicht erkannte, gefiel es Gott, durch die Torheit der Predigt diejenigen zu retten, welche glauben.« (1.Korinther 1,20–21)

Vor dem Herrn ist die Eitelkeit des menschlichen Herzens aufgedeckt, bloßgestellt und verurteilt. Gottes Weisheit ist schön und vollkommen, aber für unser natürliches Verständnis ist sie unsinnig. »Wie geschrieben steht: ›Was kein Auge gesehen und kein Ohr gehört hat und keinem Menschen in den Sinn gekommen ist, was Gott denen bereitet hat, die ihn lieben‹, hat Gott uns aber geoffenbart durch seinen Geist; denn der Geist erforscht alles, auch die Tiefen der Gottheit. Denn welcher Mensch weiß, was im Menschen ist, als nur der Geist des Menschen, der in ihm ist? So weiß auch niemand, was in Gott ist, als nur der Geist Gottes.« (1.Korinther 2,9–11)

Nur wer von neuem geboren wurde, indem er den Geist Gottes empfing, kann die Dinge Gottes erkennen. Nur wer seinen Zustand erkannt hat, kann die Sünde so sehen, wie Gott die Sünde sieht. Der Zustand der Sünde im Menschen ist wie eine eitrige Wunde, aber der Mensch verschließt die Augen davor und wendet sich somit vom Weg der Gnade ab. Gott rettet den Menschen durch das Kreuz; das ist der einzige Weg Gottes. Dort ist Christus für die Sünde gestorben; eben dort muß sich der Sünder mit seinem Retter identifizieren, um mit ihm zu sterben.
»Seid ihr nun mit Christus auferstanden, so suchet, was droben ist, wo Christus ist, sitzend zu der Rechten Gottes. Trachtet nach dem, was droben, nicht nach dem, was auf Erden ist; denn ihr seid gestorben, und euer Leben ist verborgen mit Christus in Gott. Wenn Christus, euer Leben, offenbar werden wird, dann werdet auch ihr mit ihm offenbar werden in Herrlichkeit.« (Kolosser 3,1–4)

10 Der Weg der völligen Befreiung

Wenn wir Yoga oder eine okkulte Wissenschaft betrieben oder auch nur ein Medium befragt haben, einen Wünschelrutengänger, einen Astrologen oder eine Wahrsagerin usw., haben wir unweigerlich Bande zur okkulten Welt geknüpft. Eine okkulte Wissenschaft zu praktizieren bedeutet, Zugang zu haben zu etwas aus der Unterwelt, wo der Teufel und die gefallenen Geister leben. Dieser Bereich ist dem Menschen normalerweise verborgen, und nur paranormale Fähigkeiten können Zugang zu ihm verschaffen. Auf all diesen Praktiken liegt Gottes absolute Verurteilung, wie wir bereits gesehen haben. Es steht geschrieben: »Es soll niemand unter dir gefunden werden, der seinen Sohn oder seine Tochter durchs Feuer gehen lasse, oder ein Wahrsager, oder ein Wolkendeuter, oder ein Schlangenbeschwörer, oder ein Zauberer, oder ein Bannsprecher, oder ein Medium, oder einer, der einen Wahrsagergeist hat, oder jemand, der die Toten befragt. Denn wer solches tut, ist dem HERRN ein Greuel.« (5.Mose 18,10–12)

Aber für den Menschen, der zum Herrn kommt, bleibt immer noch das Problem der Bindungen, die durch den

Kontakt mit den Geistern geknüpft worden sind. Da die Geister keinen Leib haben, versuchen sie durch den Kanal des Geistes eines Menschen in diesen hineinzugelangen. Sie können so in einen Menschen eindringen und Besitz von ihm ergreifen. Es gibt selbstverständlich verschiedene Grade der Besitzergreifung, wobei die Geister immer damit beginnen, den Menschen zu veranlassen, irgendeine Form des Okkultismus zu praktizieren.

Wir haben ausgeführt, inwiefern Yoga, Kampfeskünste und Zen Formen des Okkultismus und des Götzendienstes sind; nun ist notwendig, daß die durch solche Praktiken eingegangenen Bindungen zerschnitten werden und daß die Geister, die sich in uns haben einnisten können, vertrieben werden. Wenn ich zum Herrn komme, muß ich mich nicht nur von den okkulten Büchern und Gegenständen trennen, indem ich sie zerstöre, sondern ich muß auch diese Praktiken als okkult verurteilen. Zudem muß ich mich selbst dafür verurteilen, daß ich sie praktiziert hatte.

Ich muß mich im Namen Jesu von jedem Anrecht lösen, das der Feind über mein Leben bekommen hat, und ich muß vor Zeugen bekennen, daß Jesus Christus mein Retter und mein Herr ist. Deshalb spricht die Bibel nur von einer Taufe durch Untertauchen bei Erwachsenen; die neubekehrten Christen legen so ihr öffentliches Zeugnis ab, wobei sie auch in Worten ihren

Glauben an Jesus Christus, den Sohn des lebendigen Gottes, bekennen.

Der Apostel Paulus schrieb an die Christen in Thessalonich, es sei überall bekannt geworden, »wie ihr euch von den Abgöttern zu Gott bekehrt habt, um dem lebendigen und wahren Gott zu dienen und seinen Sohn vom Himmel zu erwarten, welchen er von den Toten auferweckt hat, Jesus, der uns vor dem zukünftigen Zorn errettet« (1.Thessalonicher 1,9–10).

Jesus gab seinen Jüngern »Vollmacht über die unreinen Geister, sie auszutreiben, und jede Krankheit und jedes Gebrechen zu heilen« (Matthäus 10,1). Sie kehrten dann freudig zurück und sagten: »Herr, auch die Dämonen sind uns untertan in deinem Namen!« (Lukas 10,17) Darauf sagte Jesus: »Ich sah den Satan wie einen Blitz vom Himmel fallen. Siehe, ich habe euch Vollmacht verliehen, auf Schlangen und Skorpione zu treten, und über alle Gewalt des Feindes, und nichts wird euch beschädigen. Doch nicht darüber freuet euch, daß euch die Geister untertan sind, freuet euch aber, daß eure Namen im Himmel eingeschrieben sind!« (Lukas 10,18–20)

Wenn du dich Jesus näherst, magst du einen Widerstand spüren, sogar Furcht. Das sind die Geister, die sich dagegen sträuben wegzugehen. Aber dem Herrn des Himmels und der Erde, Jesus, vermögen sie nicht zu widerstehen. Der Geist des Yoga – oder einer anderen okkulten Praktik – wird dich verlassen, um in den Abgrund zu gehen. Du wirst dann befreit sein und Zugang zum Licht haben. Ein von Yoga bzw. anderen okkulten Dingen bestimmtes Leben, überhaupt Leben in Sünde ist wie ein Tunnel; man geht und geht, ohne das Ende zu sehen. Wenn du zu Jesus Christus kommst, endet der Tunnel, du brichst hervor zum Leben. Dort entdeckst du wunderbare Weideplätze, Freiräume, Quellen lebendigen Wassers, und du hast das Leben im Überfluß.

Habe keine Furcht mehr, denn der Teufel, der sich Gott gleichstellen wollte (und heute noch versucht, die Menschheit dazu zu bringen, es ihm gleichzutun), ist in die Finsternis hinabgestürzt worden. Dagegen hat Jesus Christus, der Sohn Gottes, »da er sich in Gottes Gestalt befand, es nicht wie einen Raub festgehalten, Gott gleich zu sein; sondern er entäußerte sich selbst, nahm die Gestalt eines Knechtes an und wurde den Menschen ähnlich und in seiner äußeren Erscheinung wie ein Mensch erfunden; er erniedrigte sich selbst und wurde gehorsam bis zum Tod, ja bis zum Kreuzestod. Darum hat ihn auch Gott über alle Maßen erhöht und ihm den Namen geschenkt, der über allen Namen ist, damit in dem Namen Jesu sich alle Knie derer beugen, die im Himmel und auf Erden und unter der Erde sind, und alle Zungen bekennen, daß Jesus Christus der Herr sei, zur Ehre Gottes, des Vaters.« (Philipper 2,6–11)

11 Das göttliche Leben

»So seid ihr nun nicht mehr Fremdlinge und Gäste, sondern Mitbürger der Heiligen und Gottes Hausgenossen, auferbaut auf die Grundlage der Apostel und Propheten, während Jesus Christus selber der Eckstein ist, in welchem der ganze Bau, zusammengefügt, wächst zu einem heiligen Tempel im Herrn, in welchem auch ihr miterbaut werdet zu einer Behausung Gottes im Geist.« (Epheser 2,19–22)

Alle, die von neuem geboren sind, haben teil an diesem göttlichen Leben, da sie Wohnungen Gottes im Geist geworden sind. Sie haben die enge Pforte passiert und gehen jetzt auf dem Weg des Lebens. Das ist ein Weg, auf dem kein Platz ist für das Fleisch, fürs Eigenleben, noch für die persönliche Befriedigung, sich irgendwelcher Dinge zu bemächtigen. Es ist der Wandel im Licht, wo alles, was böse ist verurteilt wird. Jesus hat gesagt: »Will jemand mir nachkommen, so verleugne er sich selbst und nehme sein Kreuz auf sich täglich und folge mir nach. Denn wer seine Seele [sein Leben] retten will, der wird sie verlieren; wer aber seine Seele [sein Leben] verliert um meinetwillen, der wird sie retten.« (Lukas 9,23–24)

Wer sein Leben um Jesu willen verloren hat, ist in Jesu Leben eingetreten. Nichts gehört ihm, aber Gott gibt ihm alles. Er war unstet und müde; Gott gibt ihm Ruhe und ein geistliches Zuhause. Er hat nichts verdient – aber er betrachtet die Verdienste Christi. Mit anderen Erlösten hat er teil an der göttlichen Freude, Jesus zu folgen. Jesus hat zu seinen Jüngern gesagt: »Das ist mein Gebot, daß ihr einander liebet, gleichwie ich euch geliebt habe. Größere Liebe hat niemand als die, daß er sein Leben läßt für seine Freunde. Ihr seid meine Freunde, wenn ihr alles tut, was ich euch gebiete. Ich nenne euch nicht mehr Knechte; denn der Knecht weiß nicht, was sein Herr tut; euch aber habe ich Freunde genannt, weil ich alles, was ich von meinem Vater gehört habe, euch kundgetan habe. Nicht ihr habt mich erwählt, sondern ich habe euch erwählt und gesetzt, daß ihr hingeht und Frucht bringet und eure Frucht bleibe, auf daß, was irgend ihr den Vater bitten werdet in meinem Namen, er es euch gebe. Das gebiete ich euch, daß ihr einander liebet.« (Johannes 15,12–17)

Welch wunderbare Freude, mit Jesus zu leben, dem Retter der Welt! Seine Gnade begleitet uns Tag für Tag, und wir haben teil an den göttlichen Früchten seiner Liebe. Er ist treu und läßt alle Dinge zu unserem Besten wirken. Für ihn ist nichts unmöglich.

Mit einem gereinigten und neuen Herzen können wir ihn loben und anbeten. Und unsere Seele frohlockt und erhebt sich zu ihm in einem Aufschwung dankbarer Liebe, in lebendiger Gemeinschaft mit ihm und dem himmlischen Vater, durch die Kraft des Heiligen Geistes. So kann ich mit dem Apostel Paulus sagen: »Ich bin mit Christus gekreuzigt. Und nicht mehr lebe ich, sondern Christus lebt in mir.« (Galater 2,20)

Wer Christus angenommen hat, der hat den Geist der Kindschaft empfangen, durch den er ruft: »Vater!« Er ist in das ewige Leben eingetreten.

12 Worum es letztlich geht

»Denn nicht Engeln hat er unterworfen den zukünftigen Erdkreis, von dem wir reden; es hat aber irgendwo jemand bezeugt und gesagt: ›Was ist der Mensch, daß du seiner gedenkst, oder des Menschen Sohn, daß du auf ihn achtest? Du hast ihn kurze Zeit unter die Engel erniedrigt; mit Herrlichkeit und Ehre hast du ihn gekrönt; du hast alles unter seine Füße gelegt.‹ Denn indem er ihm alles unterwarf, ließ er nichts übrig, das ihm nicht unterworfen wäre; jetzt aber sehen wir ihm noch nicht alles unterworfen. Wir sehen aber Jesus, der kurze Zeit unter die Engel erniedrigt war, wegen des Todesleidens mit Herrlichkeit und Ehre gekrönt, damit er durch Gottes Gnade für jeden den Tod schmeckte.« (Hebräer 2,5–9, rev. Elberfelder)

Die Menschen von heute leben, wie sie wollen. Die moderne Kindererziehung ist die Widerspiegelung dieser Anarchie. Die Kinder sind sich selbst überlassen, und die psychologischen Grundsätze, die die Erziehung beherrschen, laufen nur darauf hinaus, die Grenzen zu brechen, die Gott festgelegt hat. Der Mensch glaubt sich in Sicherheit, seit er ausgerufen hat, Gott sei tot. Welcher Wahnsinn!

Der Mensch ist einer grenzenlosen Arroganz verfallen, aber er versinkt in Hoffnungslosigkeit und Chaos. Indes – Jesus wird wiederkommen. »Und es wird ein Sproß aus dem Stumpfe Isais hervorgehen und ein Schoß aus seinen Wurzeln hervorbrechen; auf demselben wird ruhen der Geist des HERRN, der Geist der Weisheit und des Verstandes, der Geist der Erkenntnis und der Furcht des HERRN. Und sein Wohlgefallen wird er haben an der Furcht des HERRN; er wird nicht nach dem Augenschein richten, noch nach dem Hörensagen strafen, sondern er wird die Armen mit Gerechtigkeit richten und den Elenden im Lande ein unparteiisches Urteil sprechen; er wird die Welt mit dem Stabe seines Mundes schlagen und den Gottlosen mit dem Odem seiner Lippen töten. Gerechtigkeit wird der Gurt seiner Lenden und Wahrheit der Gurt seiner Hüften sein. Da wird der Wolf bei dem Lämmlein wohnen, der Leopard bei dem Böcklein niederliegen. Das Kalb, der junge Löwe und das Mastvieh werden beieinander sein, also daß ein kleiner Knabe sie treiben wird. Die Kuh und die Bärin werden miteinander weiden und ihre Jungen zusammen lagern. Der Löwe wird Stroh fressen wie das Rindvieh. Der Säugling wird spielen am Loch der Otter und der Entwöhnte seine Hand nach der Höhle des Basilisken ausstrecken. Sie werden nicht schaden und nicht verderben auf dem ganzen Berge meines Heiligtums; denn die Erde wird erfüllt mit Erkenntnis des

HERRN, wie die Wasser [den Grund] bedecken.- Zu der Zeit wird es geschehen, daß *die Heiden fragen* werden nach dem Wurzelsproß Isais, der als Panier für die Völker dasteht; und seine Residenz wird herrlich sein.« (Jesaja 11,1-10)

Das wird ein Tag von unvergänglicher Herrlichkeit sein, ein wunderbarer Tag, an dem alle, die sich nach Befreiung sehnen, den Befreier erkennen werden.

Es ist außerordentlich betrüblich, daß es heute soviel Unglauben, soviel Witzelei und Ausschweifung gibt. Der Apostel Petrus sagte: »Ihr müßt vor allem wissen, daß in den letzten Tagen Spötter kommen werden, die in ihrer Spötterei nach ihren eigenen Lüsten wandeln und sagen: ›Wo ist die Verheißung seiner Wiederkunft? denn seitdem die Väter entschlafen sind, bleibt alles so, wie es am Anfang der Schöpfung war!‹ Dabei vergessen sie aber absichtlich, daß schon vorlängst Himmel waren und eine Erde aus Wasser und durch Wasser entstanden ist durch Gottes Wort; und daß durch diese die damalige Welt infolge einer Wasserflut zugrunde ging. Die jetzigen Himmel aber und die Erde werden durch dasselbe Wort fürs Feuer aufgespart und bewahrt für den Tag des Gerichts und des Verderbens der gottlosen Menschen. Dieses *eine* aber sei euch nicht verborgen, Geliebte, daß *ein* Tag vor dem Herrn ist wie tausend Jahre, und tausend Jahre wie ein Tag! Der Herr säumt nicht mit der Verheißung, wie etliche es für ein Säumen halten, sondern er ist langmütig gegen uns, da er nicht will, daß jemand verloren gehe, sondern daß jedermann Raum zur Buße habe. – Es wird aber der Tag des Herrn kommen wie ein Dieb; da werden die Himmel mit Krachen vergehen, die Elemente aber vor Hitze sich auflösen und die Erde und die Werke darauf verbrennen.« (2.Petrus 3,3–10)

Es wird ein Gericht geben für diejenigen, welche Gottes Gnade abgelehnt haben. Der Höhepunkt der Liebe Gottes ist darin, daß Jesus gekommen ist, die Menschheit zu erlösen. Der Gipfel des Bösen ist, wenn der Mensch das Größte zurückweist, das Gott getan hat. Gott hat seinen Sohn gegeben. Er kann nichts Größeres mehr tun. Als die Menschen Jesus fragten, was man tun müßte, um die Werke Gottes zu tun, sagte er: »Das ist das Werk Gottes, daß ihr an den glaubt, den er gesandt hat.« (Johannes 6,29)

Nun ist da einer, der sich über den Zustand der Welt freut – der Teufel. Er freut sich über den Untergang von Menschen. In Verfolgung seines Todeswerkes wird er sich sogar in einem Menschen zu verkörpern suchen, um die ganze Menschheit dazu zu verführen, ihn anzubeten. Es scheint, daß dieser Augenblick nahe ist; es herrscht ja fast völliger, allgemeiner Unglaube.

In der Tat bestätigen alle religiösen Bewegungen von heute das Kommen dessen, den die Bibel den Antichrist nennt. All diese Bewegungen samt den verschiedenen Sekten, die die Welt überrollen, schieben das Kreuz und die Rettung durch Gottes Gnade beiseite. Eine bezeichnende Tatsache ist, daß viele dieser Bewegungen sich auf die Bibel und auf Jesus Christus berufen, aber das ist nur eine täuschende Falle. Wer eine Sekte oder eine religiöse Bewegung gründen will, hat großes Interesse daran, Jesus als Referenz zu benutzen. Auf diese Weise ist seine »Ehrenhaftigkeit« gewährleistet. Bleibt nur noch, das Evangelium zu verfälschen und den Plan Gottes umzubiegen.

Jesus hat gesagt: »Seht zu, daß euch niemand irreführe! Denn es werden viele unter meinem Namen kommen und sagen: Ich bin Christus, und werden viele irreführen.« (Matthäus 24,4–5)

Man kann diese falschen Propheten letztlich im allgemeinen entlarven anhand der Tatsache, daß sie dazu anleiten, das Heil in sich selbst oder in einer religiösen Bewegung zu suchen. Wir brauchen nicht zu wiederholen, wer der Anstifter dieser Idee ist.

Jesus hat zudem gesagt: »Wenn alsdann jemand zu euch sagen wird: Siehe, hier ist Christus, oder dort, – so glaubt es nicht. Denn es werden falsche Christusse und falsche Propheten auftreten und werden große Zeichen und Wunder tun, um womöglich auch die Auserwählten zu verführen. Siehe, ich habe es euch vorhergesagt. Wenn sie nun zu euch sagen werden: Siehe, er ist in der Wüste, – so gehet nicht hinaus; siehe, er ist in den Kammern, – so glaubet es nicht. Denn wie der Blitz vom

Osten ausfährt und bis zum Westen scheint, so wird auch die Ankunft des Menschensohnes sein. Wo das Aas ist, da sammeln sich die Adler.« (Matthäus 24,23–28)

Es gibt heute nicht nur falsche Propheten, sondern auch falsche Christusse. All dies ist nur die Vorbereitung der Herrschaft dessen, der sich selbst für Gott ausgeben wird. Durch die verschiedenen okkulten Praktiken hat er seine Ankunft bereits vorbereitet mittels all jener, die auf diese Weise seine Diener geworden sind. Die Welt liegt gefesselt in den Banden der Ungerechtigkeit, da sie den einzigen, der sie befreien könnte, zurückweisen: Jesus. Jesus hat gesagt: »Ich bin im Namen meines Vaters gekommen, und ihr nehmt mich nicht an. Wenn ein anderer in seinem eigenen Namen kommt, den werdet ihr annehmen.« (Johannes 5,43) Das ist genau die Lage des heutigen Menschen. »Es muß unbedingt zuerst der Abfall kommen und der Mensch der Sünde, der Sohn des Verderbens, geoffenbart werden, der Widersacher, der sich über alles erhebt, was Gott oder Gegenstand der Verehrung heißt, so daß er sich in den Tempel Gottes setzt und sich selbst als Gott erklärt.« (2.Thessalonicher 2,3–4)

In seinem unheilvollen Wahn wird der Teufel versuchen, den Plan Gottes zu durchkreuzen. Aber er ist bereits besiegt durch das Kreuz von Golgatha. »Dazu ist der Sohn Gottes erschienen, daß er die Werke des Teufels zerstöre.« (1.Johannes 3,8) Im Buch der Offen-

barung sagt der Apostel Johannes: »Und ich sah, und siehe, in der Mitte des Thrones und der vier lebendigen Wesen und inmitten der Ältesten stand ein Lamm, wie geschlachtet; es hatte sieben Hörner und sieben Augen, das sind die sieben Geister Gottes, ausgesandt über die ganze Erde. Und es kam und nahm das Buch aus der Rechten dessen, der auf dem Throne saß. Und als es das Buch nahm, fielen die vier lebendigen Wesen und die vierundzwanzig Ältesten vor dem Lamme nieder, und sie hatten jeder eine Harfe und goldene Schalen voll Räucherwerk; das sind die Gebete der Heiligen. Und sie sangen ein neues Lied: Würdig bist du, das Buch zu nehmen und seine Siegel zu brechen; denn du bist geschlachtet worden und hast für Gott mit deinem Blut [Menschen] erkauft aus allen Stämmen und Zungen und Völkern und Nationen und hast sie für unsren Gott zu einem Königreich und zu Priestern gemacht, und sie werden herrschen auf Erden.
Und ich sah und hörte eine Stimme vieler Engel rings um den Thron und um die lebendigen Wesen und die Ältesten; und ihre Zahl war zehntausendmal zehntausend und tausendmal tausend; die sprachen mit lauter Stimme: Würdig ist das Lamm, das geschlachtet ist, zu empfangen die Macht und Reichtum und Weisheit und Stärke und Ehre und Ruhm und Lobpreisung! Und alle Geschöpfe, die im Himmel und auf Erden und unter der Erde und auf dem Meere sind, und alles, was darin ist, hörte ich sagen: Dem, der auf dem Throne sitzt, und dem Lamm gebührt das Lob und die Ehre und der Ruhm und die Gewalt von Ewigkeit zu Ewigkeit! Und

die vier lebendigen Wesen sprachen: Amen! Und die vierundzwanzig Ältesten fielen nieder und beteten an den, der da lebt von Ewigkeit zu Ewigkeit.« (Offenbarung 5,6–14)

Wenn die Zeiten erfüllt sind, richtet Gott seine ewige Herrschaft des Friedens, der Gerechtigkeit und der Liebe auf.

Die göttliche Offenbarung zeigt uns: »Und der Teufel, der sie verführte, wurde in den Feuer- und Schwefelsee geworfen, wo auch das Tier ist und der falsche Prophet, und sie werden gepeinigt werden Tag und Nacht, von Ewigkeit zu Ewigkeit.« (Offenbarung 20,10)

Worum es letztlich geht, das ist der Platz, den der Sohn Gottes im Universum einnehmen muß. Er ist der König der Könige, der Herr der Herren. Jedes Knie wird sich vor ihm beugen und jede Zunge wird bekennen, daß er der Herr ist. Wer dem Sohn dieses höchste Recht verweigert hat, wird verworfen werden und nicht am Reich Gottes teilhaben. Auch heute noch ruft Gott alle Menschen dazu auf, umzukehren. Noch immer ist Gnadenzeit. Die Christen sind aufgerufen, einen direkten Kampf zu führen gegen »die Herrschaften, die Gewalten, die Weltbeherrscher dieser Finsternis, die geistlichen [Mächte] der Bosheit in den himmlischen [Regionen]« (vgl. Epheser 6,12). Vor dem Blut des Lammes und vor der Macht des Kreuzes weicht der Teufel zurück. Die Jünger Jesu sind gewappnet mit dem »Helm des Heils und dem Schwert des Geistes, nämlich dem Wort Gottes« (Epheser 6,17) und umgeben von dem Bollwerk, das Gott selbst ist. Sie folgen dem Auferstandenen bis in seinen vollkommenen und totalen Sieg über alle Kräfte des Bösen.

»Hernach wird das Ende kommen, wenn er das Reich Gott und dem Vater übergibt, wenn er abgetan hat jede Herrschaft, Gewalt und Macht. Denn er muß herrschen, ›bis er alle Feinde unter seine Füße gelegt hat‹. Als letzter Feind wird der Tod abgetan. Denn ›alles hat er unter seine Füße getan‹. Wenn er aber sagt, daß ihm alles unterworfen sei, so ist offenbar, daß der ausgenommen ist, welcher ihm alles unterworfen hat.« (1.Korinther 15,24–28)

Wer so das Kommen des Sohnes Gottes, seines Herrn und Heilandes, erwartet, der wartet nicht vergeblich. All diese werden sich bald von ihren Werken ausruhen und mit Christus im wunderbaren Reich des Vaters des Lichts herrschen.
»Siehe, ich sage euch ein Geheimnis: Wir werden nicht alle entschlafen, wir werden aber alle verwandelt werden, plötzlich, in einem Augenblick, zur Zeit der letzten Posaune; denn die Posaune wird erschallen, und die Toten werden auferstehen unverweslich, und wir werden verwandelt werden. Denn dieses Verwesliche muß anziehen Unverweslichkeit, und dieses Sterbliche muß anziehen Unsterblichkeit. Wenn aber dieses Verwesliche Unverweslichkeit anziehen und dieses Sterbliche

Unsterblichkeit anziehen wird, dann wird das Wort erfüllt werden, das geschrieben steht: ›Der Tod ist verschlungen in Sieg! Tod, wo ist dein Stachel? Totenreich, wo ist dein Sieg?‹ Aber der Stachel des Todes ist die Sünde, die Kraft der Sünde aber ist das Gesetz. Gott aber sei Dank, der uns den Sieg gibt durch unsern Herrn Jesus Christus!« (1.Korinther 15,51–57)

Das ist die glückselige Hoffnung der Erlösten. Sie werden ewig vereint sein mit Jesus, der für sie gestorben und auferstanden ist, und ihn anbeten in einem Anschauen ohne Ende, inmitten von Abertausenden von Engeln und Erzengeln des Lichts. Sie werden ihren Platz auf dem Thron Gottes und des Lammes haben in einem unsagbaren und unaussprechlichen Licht, inmitten von Gesängen des Triumphes und der Anbetung.

*Oh, Jesus, mein Herr, du wirst wiederkommen
und erkennen wird die ganze Welt,
daß du Gott bist, Herr aller Herren.*

*Endlich wird Frieden herrschen auf Erden,
denn du wirst sein für alle Völker
ein Banner der Liebe, des Friedens, des Glücks.*

*Du wirst die Armen mit Gerechtigkeit richten,
du wirst ein redliches Urteil sprechen
über die Unglücklichen,
du wirst die Erde mit deinem Wort treffen,
du wirst den Bösen richten.*

*An jenem Tage wird die Erde erfüllt sein
von der Erkenntnis Gottes;
die ganze befreite Natur wird überströmen.*

*Wasserquellen werden die Wüsten verwandeln
und neue Bäume werden wachsen,
die Tiere werden keine Furcht mehr kennen.*

*Wolf und Lamm werden beisammen leben,
der Panther wird sich zum Zicklein legen,
das Kalb und der Junglöwe und das Mastvieh
werden zusammen sein,
und ein kleiner Junge wird sie treiben.*

*Eine unendliche Quelle ist die Liebe,
die Liebe Gottes für die Welt.*

*Oh! glaube an ihn, er liebt dich in seinem Sohn Jesus.
Wenn er starb und dabei all unsere Sünden trug,
so lebt er, um uns zu rechtfertigen.
Oh! komm zu ihm, komm und lebe in seinem Reich.*

*Dann wirst du seinen Namen rühmen können
und du wirst Wasser schöpfen mit Freude
aus den Quellen, aus den Quellen des Heils,
und du wirst singen.*